世紀人物 100

承先啟後的文學家

韓愈

姜子安 著

三民書局

獻給孩子們的禮物

主編的話

　　世界上最幸福的孩子，是他們一出生就有機會接近故事書，想想看，那些書中的人物，不論古今中外都來到了眼前，與他們相識，不僅分享了各個人物生活中的點滴，孩子們的想像力也隨著書中的故事情節飛翔。

　　不論世界如何演變，科技如何發達，孩子一世幸福的起源，仍然來自於父母的影響，如果每一個孩子都能從小在父母親的懷抱中，傾聽故事，共享閱讀之樂，長大後養成了閱讀習慣，這將是一生中享用不盡的財富。

　　三民書局的劉振強董事長，想必也是一位深信讀書是人生最大財富的人，在讀書人口往下滑落的多元化時代，他仍然堅信讀書的重要，近年來，更不計成本，連續出版了特別為孩子們策劃的兒童文學叢書，從「文學家」、「藝術家」、「音樂家」、「影響世界的人」系列到「童話小天地」、「第一次」系列，至今已出版了近百本，這僅是由筆者主編出版的部分叢書而已，若包括其他兒童詩集及套書，三民書局已出版不下千百種的兒童讀物。

　　劉董事長也時常感念著，在他困苦貧窮的青少年時期，是書使他堅強向上，在社會普遍困苦，而生活簡陋的年代，也是書成了他最好的良伴，他希望在他的有生之年，分享這份資產，讓下一代可以充分使用，讓親子共讀的親情，源遠流長。

　　「世紀人物100」系列早就在他的關切中構思著，希望能出版

孩子們喜歡而且一生難忘的好書。近年來筆者放下一切寫作，接下這份主編重任，並結合海內外有心兒童文學的作者共同為下一代效力，正是感動於劉董事長致力文化大業的真誠之心，更欣喜許多志同道合的朋友，能與我一起為孩子們寫書。

「世紀人物100」系列規劃出版一百位人物故事，中外各占五十人，包括了在歷史上有關文學、藝術、人文、政治與科學等各行各業有貢獻的人物故事，邀請國內外兒童文學領域專業的學者、作家同心協力編寫，費時多年，分梯次出版。在越來越多元化的世界中，每個人都有各自的才華與潛力，每個朝代也都有其可歌可泣的故事，但是在故事背後所具有的一個共同點，就是每個傳主在困苦中不屈不撓，令人難忘的經歷，這些經歷經由各作者用心博覽有關資料，再三推敲求證，再以文學之筆，寫出了有趣而感人的故事。

西諺有云：「世界因有各式各樣不同的人群，才更加多采多姿。」這套書就是以「人」的故事為主旨，不刻意美化傳主，以每一位傳主的生活經歷為主軸，深入描寫他們成長的環境、家庭教育與童年生活，深入探索是什麼因素造成了他們與眾不同？是什麼力量驅動了他們鍥而不捨的毅力？以日常生活中的小故事，來描繪出這些人物，為什麼能使夢想成真。為了引起小讀者的興趣，特別著重在各傳主的童年生活描述，希望能引起共鳴。尤其在閱讀這些作品時，能於心領神會中得到靈感。

和一般從外文翻譯出來的偉人傳記所不同的是，此套書的特色是，由熟悉兒童文學又關心教育的作者用心收集資料，用有趣的故

事，融入知識，並以文學之筆，深入淺出寫出適合小朋友與大朋友閱讀的人物傳記。在探討每位人物的內在心理因素之餘，也希望讀者從閱讀中，能激勵出個人內在的潛力和夢想。我相信每個孩子在年少時都會發呆做夢，在他們發呆和做夢的同時，書是他們最私密的好友，在閱讀中，沒有批判和譏諷，卻可隨書中的主人翁，海闊天空一起遨遊，或狂想或計畫，而成為心靈知交，不僅留下年少時，從閱讀中得到的神交良伴（一個回憶），如果能兩代共讀，讀後一起討論，綿綿相傳，留下共同回憶，何嘗不是一幅幸福的親子圖？

2006 年，我們升格成為祖字輩，有一位朋友提了滿滿兩袋的童書相送，一袋給新科父母，一袋給我們。老友是美國國家科學院院士，曾擔任過全美閱讀評估諮議委員，也是一位慈愛的好爺爺，深信閱讀對人生的重要。他很感性的說：「不要以為娃娃聽不懂故事，我的孫兒們一出生就聽我們唸故事書，長大後不僅愛讀書而且想像力豐富，尤其是文字表達能力特別強。」我完全同意，並欣然接受那兩袋最珍貴的禮物。因為我們同樣都是愛讀書、也深得讀書之樂的人。

謹以此套「世紀人物 100」叢書送給所有愛讀書的孩子和家庭，以及我們的孫兒——石開文，他們都是世界上最幸福的孩子，因為從小有書為伴，與愛同行。

　　　　　　　　第一次認識韓愈，是在我才十幾歲的時候，對於老與死並沒有特殊的感覺。

　　那時，穿著褶裙，足蹬高跟馬靴，燙著一頭及肩米粉頭的國文老師才三十出頭，韓愈的〈祭十二郎文〉就從她那鮮豔的紅唇一句句流出：「……吾年未四十，而視茫茫，而髮蒼蒼，而齒牙動搖……」

　　聽到這裡，講臺下的我呆住了。

　　眼前的三十幾歲是時髦而活力旺盛，書中的三十幾歲，卻已老朽不堪。這到底是怎麼回事？我該相信眼前所看到的，還是耳中所聽到的？矛盾的想法一直在我心裡交戰。最後，我決定採信眼前所看到的景象，三十幾歲的人就應該和我那美麗的國文老師一樣，念起文章來抑揚頓挫，滿含感情；說起話不時輕笑掩嘴，非常動人。韓愈這傢伙如果不是得到早衰症，就一定是個吹牛大王，年輕的我如是想。

　　時光匆匆，有一天，我也走到了三十幾歲的年紀。兄弟姐妹、好朋友一個個也到了前中年期，有人的頭變成了秋天的蘆葦叢，有人成天掛號找牙醫，而我，則架起了老花眼鏡。這時，我開始了解一個道理：「不要只相信你眼前所看到的。」

我終於知道，韓愈的文章也許寫得誇大，卻極偉大。它讓我花了二十年才了解真象。

　　又有一天，我帶著孩子到南臺灣鄉下玩，在我們從潮州鎮往屏東市走的時候，路過內埔鄉，就在內埔鄉的媽祖廟旁，看到一座牌坊式的廟宇，上頭寫著「昌黎祠」，這可能是全臺唯一的昌黎祠吧！於是我們停車去裡面參觀。

　　昌黎祠裡的主神當然是韓愈，右翼是韓湘，左翼是趙德。

　　「韓愈是誰？韓湘是誰？趙德又是誰？」我的孩子好奇的問。

　　「韓愈是中唐時候的古文運動家，因為他的努力改革，我們現在才有好看的散文和小說，至於韓湘和趙德，我就不知道了。」我遺憾的說。

　　然而，人生如此美好，怎能留下遺憾？於是我開始研究韓愈的詩文、資料，想找到答案。

　　在尋找答案的過程中，韓愈不時以各種面貌出現在我眼前，當我讀到〈條山蒼〉時，我看到的是一個年輕人，仰慕高潔名士，頗有向名士看齊的壯志；當我讀到〈醉留東野〉時，我才知道韓愈和孟郊原來是「麻吉」好友呢！當我讀到〈後十九日復上書〉及〈後二十九日復上書〉，我的心情沉重了，因為我看到一個懷才不遇的讀書人，為了施展抱負，為了養家活口，必須低聲下氣寫求職信；當我讀到〈利劍〉時，我看到一個監察御史因認

真而被貶，只好持筆為劍；當我讀到〈湘中〉，我看到一個失意的文人，懷念屈原，也為自己的境遇悲噓；當我讀到〈祭鱷魚文〉，我看到的是一則童話故事裡的男主角；當我讀到〈進學解〉，我看到的是一個有志難伸的老師；當我讀到韓愈寫詩給柳宗元，討論吃蛤蟆的經驗與味道時，我才知道大文豪原來也是凡人，會像你我一樣跑廚房找美食。

是的，韓愈就是一個平凡人，有得意的時候，也有悲傷的時候，更不乏固執己見的時刻。但因為他的敢說、敢做、敢寫，讓他改寫了中唐時代的文風與中國文學的歷史。

讀過中國歷史的人都知道，中唐以後，藩鎮的割據、吐蕃的入侵、宦官氣勢的高張、黨爭……令君權不張，人心惶惶，從皇帝到老百姓，接受佛老思想者到處都是。這時，出現了一個與眾不同的人，他雖在戰亂中，仍能發憤苦讀，幾乎讀遍六經百家之書，了解佛老學說的興起，非因佛老本身的力量大於儒家，而是聖賢之道不明、禮樂崩壞，佛老學說才能趁虛而入。這個人就是韓愈。

韓愈出生時，詩壇上出了李白、杜甫等大詩人，詩的發展光芒萬丈。但是在散文上，卻因循著魏晉南北朝的駢儷文風，只有華美的文字，沒有深刻的思想。於是，韓愈提倡「古文運動」，主張學習先秦、兩漢那樣樸拙而有哲理的文字。他更認為文學是為

了傳承正道，而不僅僅是消遣而已，引起了當時文壇的省思，也挽救了當時被佛老思想掩蓋的儒家學說。

北宋大文豪蘇軾就很推崇韓愈，說他「匹夫而為百世師，一言而為天下法」，說他是「文起八代之衰」。可見韓愈的成就與貢獻了。

如此一個高成就的人，他的人生一定十分順利，官運亨通吧？

錯！錯！錯！

大錯！特錯！非常錯！

我為什麼連用六個「錯」字呢？

因為韓愈考運甚差，前後曾經落榜六次。

但是，他不灰心，換條跑道，先是到藩鎮服務，然後再轉往吏部參加銓選。雖然繞了一個圈子，最後仍達到中央任職的目的。

而且，他的官運也非常差，除在汴州娶妻生子為官二年多之外，其他職位只有數月或一年多，大多是因他的見解和固執惹起的麻煩。

幸好，韓愈晚年官運較好，在文學上又是文壇祭酒，名氣大，向他求文的人絡繹不絕，尤其達官貴人求墓誌碑銘的更多，而且多以重金酬謝，韓愈來者不拒，墓誌銘儘量多說好話，有些人笑他不

但拍活人的馬屁，連死人的馬屁也拍起了。

這就是韓愈，一個有優點、有缺點，真正的人。

想了解韓愈嗎？想知道韓湘和趙德是誰嗎？就請你跟著屏東的國中三年級男生徐耿南，到中唐進行一場神遊吧！

旅途愉快！

寫書的人

姜子安

一個喜歡和貓咪說悄悄話，喜歡看植物慢慢長大，喜歡聽孩童哈哈笑聲的筆耕者。目前居住在高雄，常年享受著陽光的召喚。著有《我愛綠蟻龜》、《眼鏡兄的早春情事》、《一個女孩的抉擇》、《大愛行動家：范仲淹》、《封神演義》等書。

承先啟後的文學家

韓愈

目次

世紀人物
100

韓　　愈

768～824

楔子

　　春日的南臺灣鄉間，早已被陽光的親吻引發了熱情，田裡的綠浪，隨著風兒的吹動，蕩來蕩去，不斷擺出迷人的姿態，使農人們的嘴唇線條，都拉成一道彎曲的弧線。

　　正月方過，學校剛開學不久，大家的心情都很好。農人望著蔥綠的稻子，想像著黃澄澄的纍纍收成；學生們和闊別的同學再次見面，更是高興得關不上話匣子。然而，徐耿南卻是村子裡少數不開心的孩子，他已經國中三年級了，不久之後，即將面對國中基本學力測驗。對於好動而不喜歡靜靜讀書的徐耿南來說，國中基測真是他這輩子最大的苦難。學校總共已舉辦了七次的複習考，徐耿南都在班上敬陪末

座，別說他自己感到喪氣，就連他的爸媽也憂心忡忡，不知道這個么子將來能考上什麼學校。

星期日中午，徐大嬸騎著機車載著徐耿南來到村子口的昌黎祠＊前。

「快把拜拜的供品擺好，拜一拜趕快回家，田裡的工作還有一大堆等著我做！」徐大嬸嘴裡說著話，手上的動作可沒有停止，她把包著供品的大布包遞到徐耿南手上，立刻又轉身拿出放在機車籃裡的線香，半走帶跑的奔進

放大鏡 ＊臺灣民間流傳的文昌神有晉朝張亞子、魁星、關聖帝君、呂洞賓、朱熹等神明，新竹關西供奉范仲淹為文昌神，屏東內埔客家庄則供奉韓愈為文昌神。本故事背景為屏東鄉間，文昌廟中所供奉者為韓愈，故稱為昌黎祠。韓愈曾被貶官潮州，在當地興學教化人民，人民感念他的恩德，建廟作為紀念。乾嘉年間，嶺南人士移民臺灣，繁衍於屏東六堆地區，移民們為了興學育才，嘉慶八年（1803 年）由昭武都尉鍾麟江發起建昌黎祠於內埔鄉，並請名師駐祠講學，成為全臺唯一祀奉韓愈的祠宇。現在的昌黎祠是民國七十年（1981 年）所修建。昌黎是韓愈的郡望，唐人多重視郡望，自稱或稱人多稱郡望，所以韓愈自稱昌黎韓愈。

廟裡。

　　徐耿南老大不情願的跟在後頭，把布巾打開來，沒有看到平日祭神的豬肉、雞鴨，詫異大叫：「媽，妳拿錯東西了！」

　　「沒錯！沒錯！就是這些東西！」徐大嬸一把搶過徐耿南手中的布巾包，一樣一樣拿出來：「芹菜，是希望你讀書勤快一點；蒜，是希望你的數學強一點；蔥，是希望你能夠聰明一點；發糕、粽子，是希望你考試能『高中』……你這孩子喔，每次考試都最後幾名，可能是以前沒拜神沒保佑。隔壁的發嬸說，來昌黎祠拜一拜，可以保佑你金榜題名。她們家明珠去年考試前也來拜過，才能考上第一志願。我們來拜一下，請韓文公幫你，看能不能考上公立高中，替爸爸媽媽省一點註冊費。」

　　「我們老師說讀書興趣和性

向最重要，不能盲目追求明星高中！」

「小孩子不懂！老師說的那些都是大官在電視上講的話，大官賺的錢多，不知道我們這些莊稼人的艱苦。」徐大嬸嘴巴說著，雙手可沒得閒，整理完供品，隨即把線香拿到燭臺上，點燃後用力一吹，再用右手搧一搧，確定每一根香都燃著之後，遞了一半給徐耿南。

「持香敬禮的時候，要小聲的向韓文公祈禱，請他保佑你考試順利，讀到的全都考出來，考出來的全都會寫。」

「怎麼可能？我如果考滿分，學校老師一定會以為我作弊！」

「少說廢話！照著我說的話講就好了。趕快拜一拜，我還得趕回去田裡除草。」徐大嬸說完，就一本正經的對著前面的韓文公

低聲喃喃自語起來。

徐耿南只好依樣畫葫蘆學著說：「神明，我媽媽叫我跟你說，請你幫我考上公立高中，這樣她就可以省下一些錢。我媽說，我們家是種田人家，沒有多的錢給我讀私立學校。」

徐大嬸好不容易才對神明說完話，把手中的線香插進香爐，徐耿南也跟著做。

「你在這裡顧著供品，我先去田裡幫你爸，半個鐘頭後再來載你回去。」徐大嬸說完就跨上機車走了。

午後時分的昌黎祠，除了路上偶爾經過的幾輛汽車之外，全無人影。徐耿南獨自在廟口前晃來晃去，不知道做什麼好，手中握著徐大嬸交代他帶來的國文課本，卻是連打開來瞧一眼的興趣都沒有。

「為什麼考試前要拜韓愈

呢?」徐耿南突然心生疑問,不由自主邁步走向神桌。

香煙繚繞的主神桌前,供著一尊木雕,全身被香火薰得烏黑,根本看不出他原本穿戴的衣帽顏色與式樣。

「你就是我們老師說的古文運動大將?」徐耿南自言自語說:「我覺得你看起來就像是個書呆子,怎麼可能像我們國文老師說的那樣『衝』?」

徐耿南走到神像側邊仔細看,這才發覺神案上的韓愈黑雖黑,兩眼卻是炯炯有神,他突然感覺到韓愈彷彿是在看著自己,不由得把身上的球褲往上提了提,還把上身的球衣給拉平,兩腳併攏,表現出畢恭畢敬的樣子。

一陣風吹過,案上的蠟燭火焰輕搖,徐耿南忽然看見神像的眼睛眨了一下,他趕忙揉一揉眼

睛，再瞧清楚一些，神像和方才並沒有什麼不同呀！

「奇怪？我剛才分明看到韓文公對我眨了一下眼睛。難道是我眼花了？」徐耿南不可置信的睜大眼睛，神桌上的韓愈仍好端端的動也不動。但徐耿南仍相信自己剛才絕對沒有看錯，他對自己渾身上下最有自信的就是這雙視力1.0的眼睛了。

「好累！」徐耿南打了個好大的呵欠，想起自己昨晚讀書讀到十二點多，一大早又被媽媽挖起來算數學，現在兩個眼睛的上下眼皮分外想念對方，用力撐也撐不開來。

徐耿南只好走到廟埕兩旁的木椅上，閉起眼睛休息。才一會兒時間，他的手勁鬆了，握在手中的國文課本「喀」一聲，滑落地板。就在徐耿南進入夢鄉的那一剎那，神案上的韓愈飄著長

髯，來到他的面前大喝:「哪來的少年？竟敢在昌黎祠裡睡覺！報上名來！」

徐耿南一下子被嚇醒了:「我叫『徐耿南』，昨天開夜車讀書，今天是來拜韓文公的，結果不小心就睡著了。你是韓——韓——」

「沒錯，我就是韓愈。你剛才說你叫——」韓愈不肯定的問。

「我叫『徐耿南』。」

「想不到，在這南臺灣的村落，竟然會遇到和我昔日僕人姓名雷同的人。」

「你說，我和你的僕人名字相近？」這回換徐耿南不能肯定了:「他叫什麼名字？」

「耿蘭。」韓愈望著眼前的好奇少年，「你沒讀過我的〈祭十二郎文〉嗎？我在文章裡可是有提過他的。」

　　徐耿南撓著頭尷尬的笑了。「我的古文向來背得不好。」

　　「看你的樣子，就不像是用功的小孩。」韓愈笑著問：「想認識他嗎？」

　　徐耿南忙不迭點頭說：「想呀！韓文公。」

　　「既然你想，我就把耿蘭找來說故事給你聽吧！」韓愈的目光飄向祠外，往遙遠的地方飄去。

　　徐耿南的目光也跟著飄呀飄，飄到了古老的長安城……

1 三歲喪父

　　夕陽在西邊的城牆上掛著，將落未落，用盡最後的熱力照射長安城，長安城沐浴在一片金光燦爛之中，街道上的行人匆匆忙忙，大家踏著最後一抹夕陽的餘暉，往回家的路走去。

　　韓祕書郎＊的官邸在昏黃的光芒下，關起大門，僕人們聚集在院子裡，低聲交談，空氣中隱含著一股不安。

　　「阿蘭，過來娘這裡。」娘從老爺的房裡走出來，對著站立在僕人群中的我招手。

　　我快速衝到娘的跟前，一把撲進娘的懷抱裡。娘踏進老爺房裡彷彿已經一百年那樣久了，我

放大鏡　＊祕書省為皇室圖書館，掌理國家經籍圖書。韓愈父親名為韓仲卿，曾任祕書郎，與李白、杜甫都有交誼。

站在院子裡，早就等得腳麻心煩。

「老爺有話要交代你，你等一下進老爺房裡要乖，知道嗎？」娘說。

我點頭，望著娘。娘沒有像平日那樣回我一個微笑，只是慌慌張張拉著我往老爺的房間走。

穿過昏暗的走道，我們來到老爺的房間。房裡早已點起一盞油燈，老爺躺在床上，床前圍滿了大大小小的家人，油燈把大人小孩的身形映在牆上、窗紙上，剪出一幅幅人影。

「阿蘭來了！」人群中冒出一個聲音，圍在床畔的人們自動退出一條路來。老爺面容枯槁，兩眼無神，讓我想到了即將燒盡的白蠟燭。

「老爺，我帶阿蘭來了。」娘說著，把我的手交到老爺手中。我感覺到一股冰冷，很想立刻把

手抽回來，娘發現了，馬上壓住我的手，不讓我的手從老爺手中離開。

「李媽，這三年，謝——謝你照顧愈兒……」老爺說完，又喘著氣望著我：「阿蘭，你以後和愈兒要像兄弟一樣，互相扶持，不能再吵架。」

我不知道要如何回答老爺的話，幸虧娘搶著替我回答了：「老爺，您放心，我會把小少爺當自己兒子照顧，阿蘭也會盡心服侍少爺的。」

老爺無力的點了點頭，娘拉著我退到人群外。

「會兒……」老爺用盡力氣，卻只吐出虛如輕煙的聲音，他的手垂掛在床沿，掙扎著動了動。

站在床前第一排的大少爺趕忙伸出手去握住老爺的手，憂心忡忡的回答：「爹，我從江南趕回

來了！」

「嗯！」老爺似乎很累，使盡力氣才張口繼續說：「爹不行了，這一大家子，你要好好……好好……」

「我會的，爹，我會的！」大少爺握住老爺的手，拼命點頭。

「小弟才三歲，你要把他當……當……自己的孩子教……教導。」

「會的，我會的！」大少爺把小少爺拉到老爺床頭前，對他說：「快跟爹說：『請爹放心，愈兒會聽兄長的話。』」

「請爹放心，愈兒會聽兄長的話。」小少爺跟著兄長韓會的話說。

「愈兒，你……你一定要……要聽大哥大……大嫂的話，不……不可頑……頑皮。」老爺的聲音戛然而止，拉著小少爺的手也鬆開，無力的垂掛床沿。

　　「爹！」「爹！」房裡傳出震天的哭喊聲，守在院子裡的僕人們知道主人去世了，一個個不由自主的跪著來到房門外，用手袖擦拭著眼角的淚水。

　　老爺走了，留下三歲的韓愈少爺。大少爺韓會和鄭夫人就成為我們的新主人。

2　長兄如父

「喔——喔——喔——」

窗外的天色一片灰濛，公雞已經啼個不停。

太陽還沒完全出來，房子裡仍暗，方桌前，一盞弱燈飄搖。大少爺，哦！不，我應該改稱他為老爺了。老爺端坐桌前，閉目靜聽小少爺背書。

「曾子曰：『吾日三省吾身：為人謀而不忠乎？與朋友交而不信乎？……不信乎？……不信乎？』」少爺結結巴巴背不下去了。

老爺張開眼睛，沉著聲問：「昨晚讀幾遍？為什麼讀不熟？」

少爺把頭垂下，囁嚅著說：「不記得背幾遍了。」

「幾更睡的？」老爺又問。

「初更。」少爺更小聲了。

「小弟，你已經七歲了，不能再這般貪玩貪睡，再放蕩下去以後怎麼辦呢？」老爺的眉頭皺了皺，開始低頭閱讀自己的書本。

少爺的頭也低了下來，只見他兩眼瞄著書本，口中念念有辭，開始專心背起書來。

時間滴答滴答過去，少爺突然抬起頭來。

「大哥，我背好了。」

「好。」老爺微微點了個頭：「背給我聽。」

「曾子曰：『吾日三省吾身：為人謀而不忠乎？與朋友交而不信乎？傳不習乎？』*」少爺的聲音比起剛才大了許多，也流暢許多。

「還可以。」老爺仍有點不滿

放大鏡

＊曾子說：「我每天都要自我反省三件事：替人策畫事情，有不盡心的地方嗎？和朋友交往，有沒有不夠誠信？老師傳授給我的學業，有不夠用心學習的嗎？」

意：「以後要把當天的功課背完才可以睡覺，如果再像今天這樣，背得斷斷續續的，大哥可會生氣。」

「是的，小弟以後不敢再偷懶了。」少爺畢恭畢敬的回答。

「不要嫌為兄的嚴厲。」老爺說：「這些古文中，蘊含了古聖先賢的思想，多背古文不但可以學得聖人之道，還能熟習文章的寫法。今日，為兄的若不對你嚴格要求，讓你成天玩耍，將來你長大一事無成，必定會責怪我這個兄長不盡責。我也無顏面對父親大人在天之靈。」

「小弟知道了，請大哥原諒，我現在就把書背熟。」少爺說著，並流下豆粒大的淚珠。

「好，你繼續往下讀，今天要把〈為政〉篇背完。」老爺說。

少爺正襟危坐，不敢怠慢，努力的背著〈為政〉篇。

老爺一握著筆批改少爺昨夜寫的文章。不知道過了多久時間，夫人的聲音在門口響起：「老爺，時候不早了，該吃飯了。」

夫人和娘一起出現在房門口。

這時，我才發現陽光早已從屋簷斜射進來，在房門口灑得一地金光。我還聽到小少爺的肚子咕嚕咕嚕作響，好似在打鼓作戰一樣。我的肚子也餓了。可是老爺卻回答夫人說：「不急，書還沒背熟呢！」

一抹興奮的光芒從少爺的眼中消逝，夫人大概也看到了，她試著替少爺說情：「肚子餓了，記性不好，還是先讓他們吃飽了再背，以免……」

「胡說！」老爺嚴厲的回夫人：「小孩子就是要背完書才能吃飯，吃飽了心就野了，只想玩。妳先離開，我們再讀一下。」

夫人不敢再多說，只好轉身準備離開。這時，負責打掃大門的爹正好進來傳話：「稟告老爺夫人，韓御史※雲卿老爺派人來說，等一下要過來探望。」

「叔父要來了！」老爺臉上露出欣喜，交代站在一旁的娘說：「李媽，幫少爺梳洗整理乾淨，別讓叔父說我這個當哥哥的沒把弟弟照顧好。」

夫人開始緊張起來：「我得趕快去廚房吩咐中午加菜。老爺，你還是快讓他們吃早飯吧！叔父來了瞧見太晚吃早飯可就不好了。」

夫人說完匆匆忙忙轉身走了。

「來！阿蘭先背。小弟，你等一下默寫這兩頁給我看，通過

※唐代御史職務主要是審訊皇帝交辦的案件及彈劾百官的疏失。

了才能吃。」

「為什麼每次阿蘭只要背書就可以，我卻要默寫?」小少爺嘴巴噘了起來。

「文章的功用就大的方面來說，在治理國家，輔佐教化的推行；就小的方面來說，在於闡明善惡，寄託勸戒。你將來要走仕途，必須經過科舉的考驗，不能不會寫。」老爺看也不看少爺一眼，就直接對我說:「阿蘭，你把這兩頁背一次吧!」

想到香噴噴的早飯在餐桌上等著我，我一鼓作氣就把書背完了。

老爺對我微笑著說:「背得很好，你能把聖人的道理背得滾瓜爛熟，我相信你將來一定會成為一個有用的人。這一文錢賞你買糖吃。」

「謝謝老爺!」我接過老爺手中的一文錢，喜孜孜的往廚房

跑。

　　我跑到廚房時，娘正盛著兩碗稀飯，她看到我很驚訝。「小少爺呢？怎麼沒有看到人？」

　　「老爺說我背得很好，叫我先來吃早飯，還給我賞錢呢！」我獻寶似的把一文錢交給娘保管。

　　「小少爺人呢？」娘又問。

　　「老爺要他默寫完才能吃飯。娘，我餓了，我要吃飯。」

　　「不行！」娘義正辭嚴的拒絕了：「哪有主人未吃，奴才先吃的道理？到院子去打水，把水缸裡的水倒滿就可以吃飯了。」

　　我肚子餓得渾身無力，廚房的水缸又像個無底洞，任憑我來來回回不知道走了多少趟，它都填不滿。直到小少爺出現在餐桌上，娘才讓我放下水桶，坐下來吃飯。原本熱騰騰的稀飯此時早已冷了，送進嘴裡一點香味都沒有。

「都是你默寫得那麼慢，害我提了半天水，還吃冷飯！」我小聲對小少爺埋怨。

「誰叫你昨天帶我去灌蟋蟀？害我今天文章背不熟，還被大哥訓了一頓。」少爺白我一眼。

「是你自己說讀書很無趣，要我想些好玩的點子，現在倒怪起我來了！」我雖然對少爺把責任推給我感到不服，可也沒有忘了肚子餓這回事，扒了一大口稀飯，唏哩呼嚕的嚥下去之後說：「既然你怪我害你背書背不熟，那以後我就不找你去玩了。」

「哎！你別這樣嘛！我只是嘴巴說說，也沒說從此不出去玩啊！」少爺急了。

「可是你的話讓我覺得……」我的話還沒說完，就看到夫人從迴廊急急走來。

「你們快把早飯吃完，雲卿叔父已經來了，待會兒到書房見

他。」

「我苦也！」少爺右手拍額，十分苦惱的樣子。

夫人有點不忍心，安慰他：「別緊張，叔父只是很久沒看到你，想看你長高了沒有，學問有沒有進步一點，沒有別的意思。」

「他每次見到我都考我背誦文章，煩都煩死了。我不想去見他！」少爺索性把碗筷甩到桌上。

「這怎麼行？」夫人急了：「要不這樣好不好？阿蘭陪你到書房，你們兩個一起背，互相提示，叔父應該不會考你們太久，畢竟你們才七歲而已，叔父不會為難你們的。」

「好吧！阿蘭陪我一起去書房見叔父。可是，我們從一大早到現在已經讀了半天的書了，等一下見過叔父之後，可不可以出去玩一下？」

「這……」夫人不敢立刻答

應，便說：「這得問過你大哥。」

「我不管！妳不答應，我就不去書房。」少爺耍起賴來。

「好吧！好吧！」夫人橫下心來：「我答應你就是了，可是你等一下可別在叔父面前讓我和你大哥出糗，背不出書來。」

「謝謝大嫂！」少爺一開心，抓起碗筷吞下大口大口的稀飯。

「你這孩子，真拿你沒辦法。吃完趕快到書房去！」夫人溫柔的摸了少爺的頭一下，轉身走了。

3 大哥的話

　　三更已過，娘要我送宵夜到書房，給老爺和少爺。

　　老爺正在振筆疾書，少爺則是握著筆發呆，先前我磨好的墨，幾乎沒有被動過的跡象。

　　「老爺，少爺，夫人交代，請你們喝完銀耳湯就準備就寢。」

　　「好，放著就可以了。」老爺頭也沒抬，繼續寫著。我畢恭畢敬的放好，轉身走出，卻聽到老爺在背後喚我。

　　我只好又回頭走到老爺身邊。

　　「阿蘭，」老爺放下筆看著我：「最近還有沒有在讀書？」

　　「我……」我撒不了謊，只好乖乖說實話：「沒有，我比較喜歡跟著爹做些雜事，背書好痛苦。」

　　我以為老爺會罵我懶惰，可是他沒有，反倒微笑了。

　　「你過來，我和你談談。」老爺對我招手，我走到書桌前，看到桌上堆積如山的卷宗。

　　「你覺得讀書寫字比做雜事辛苦？」

　　「嗯！」我用力點頭。

　　「你爹你娘和我說過了，既然你不喜歡背書，我也就不勉強你跟著少爺一起讀書。工作是不分貴賤的，你爹雖然只是幫我們韓家打掃庭院，你娘雖然是小少爺的奶娘，但是，他們的貢獻並不會比我這個『起居舍人』來得少。像我每天忙著寫皇上任用官吏、封贈爵位、赦免等文件，表面上風光重要，其實只是服務皇帝一人，對老百姓又有什麼貢獻可言？倒不如你爹把房子打掃整齊，你娘把小少爺照顧長大來得實際。」老爺說完，索性把筆放

下，壓著疲倦的眼窩。老爺此時似乎打開了話匣子：「小弟，你也休息一下，咱們三個聊聊。」

「是的，大哥。」少爺依言放下手中的書本。

「人們都說要當大官才是成功，以前我也是這麼想，但現在我的想法改變了。俗話說：『伴君如伴虎。』我一直以為只要自己問心無愧，必定可以安然過日子。可是⋯⋯」

老爺心中似乎有千言萬語，不知從何說起，少爺和我緊盯著他，等他繼續說下去。靜默了許久，老爺終於下定決心把話說完：「小弟，我們是仕官家族，來日你也許會和父親、叔父與我一樣，走上仕途，你要記住為兄的話：『仕途艱險。』做事千萬不要盲動，以免惹禍上身。當官的人一旦沾上禍事，縱使有再高的才華也是枉然。」

　　老爺的語氣透露出一種少見的沉重，我和少爺只能靜靜聽著，不敢回應。

　　老爺忽然轉頭看著我：「阿蘭，還記得太老爺臨終前對你的囑咐嗎？」

　　「阿蘭記得，太老爺要阿蘭和少爺像兄弟一樣，互相扶持。」

　　「很好。」老爺欣慰的點頭：「少爺的個性較耿直，將來如果進入仕途，恐怕會遇到比我還多的艱險，我希望你能夠幫我照顧少爺。」

　　「阿蘭會的，老爺請放心。」

　　我正要跪下去時，少爺及時伸手抓住了我的手臂。他不滿的向老爺抗議：「大哥，你這是在交代遺言嗎？還是在託孤？」

　　一言驚醒夢中人，我愣了一下，老爺卻苦笑不作任何回答。

　　過了幾日，皇帝降旨，宰相元載貪贓枉法，處死刑。老爺因

與元宰相常有往來而被連累，貶
為韶州刺史。

　　到了韶州之後，由於氣候溼
熱，再加上心情鬱悶，老爺一上
任便生病，隔年就去世了，年僅
四十二歲。

叔姪情深

　　秋風颯颯，漫天黃葉飛舞，落地便成了一地碎金。我拿著一把竹耙子，掃地掃得渾身汗如雨下，落葉卻仍鋪滿一地。

　　「如果這些黃葉都是碎銀兩，那該多好呀！」我想起昨天夫人對娘說，家中的現金不夠，買肉的錢先向肉鋪賒幾天，等過兩日佃租來了再償還。這已經不是第一次夫人要娘向肉鋪、雜貨鋪賒帳了，自從老爺在韶州仙去，夫人便帶著我們回到故鄉。百口之家，靠著一點祖產過活，日子過得拮据。幸好故鄉人情味濃，大家相互照顧，夫人持家向來嚴謹，有借有還，因此向鄰里借貸並不困難。

　　掃完客廳前庭的落葉，我握著竹耙來到廂房前的樹下。

「子曰：『父母在，不遠遊；遊必有方。』子曰⋯⋯」是小少爺老成*正搖頭晃腦的背著書。

「好，停。」少爺止住了小少爺的聲音，「十二郎，背書必須要懂得其中道理，背起來才順暢。」

「誰說我不懂自己在背什麼?」老成少爺回答。

「既然你懂，不妨說給小叔聽。」退之少爺笑著要求。

「這則是說，爹娘在家的時候，就不要和玩伴到太遠的地方去玩，如果一定要出去玩，就要想一個好方法，瞞住爹娘，以免被發現了，屁股就得挨棍子了。」

我在門外聽了，忍不住噗哧一聲笑了出來。退之少爺看見窗

*韓愈有三個哥哥，二哥韓介英年早逝，他的兒子老成過繼給大哥韓會。韓老成在堂兄弟中排行第十二，所以又稱十二郎。

外面的我，對我招手叫我進去。

我進了書房，看到一臉不以為然的老成少爺。

「阿蘭，你剛才為什麼笑?」退之少爺問。

我低下頭不敢回答。

「老成少爺解釋得很離譜，對不對?」退之少爺仍不放過我，我只好誠實的點頭。

「阿蘭，這段文字我們小時候一起背過，你是不是可以為老成少爺解釋一下?」

「孔子的意思是說，爹娘在世的時候，做子女的為了要盡孝順奉養的責任，不可以到遙遠的地方去;即使不得已必須要出遠門，也得確定去處，這樣爹娘有事時才可以找到我們。」

「哦!原來是這個意思!」老成少爺恍然大悟。

「十二郎，你讀書若有不懂的，一定要問我，千萬不可以一

個人瞎讀亂背的，否則只是浪費時間。」退之少爺提醒。

「我現在就有不懂的地方！」老成少爺說。

「快說出來，如果我會，一定會告訴你。」

「小叔，如果照孔子的話說來，你現在就可以整天在外頭玩了。因為你的爹娘都不在了，可是你為什麼還要待在家裡呢？」

「我怎麼可以浪費大好的少年時光去玩樂呢？更何況大嫂和李媽都還在，我隨意外出，她們會擔心的！」

「我娘和李媽又不是你娘，管不了你的。」老成少爺說。

「話不能這樣說。我生下來兩個月母親就病逝，是李媽哺乳餵我長大；三歲時父親辭世，十三歲時兄長故去，這幾年全仗大嫂養育。乳母和大嫂雖沒有生我之身，卻有養我之恩，她們就好

比我的親生母親，我怎能讓她們擔心呢？」

「可是，你下個月就要出遠門了。」老成少爺狡黠的說。

「你怎麼知道我下個月要出遠門？」退之少爺睜大了眼睛：「我吩咐大家別讓你知道的，就是怕你難過。」

「我娘和李媽在廚房說話時，我不小心聽到的。小叔，我跟你一起出門好嗎？」

退之少爺搖頭：「我是要進京考試，可不是出去遊山玩水。」

「小叔——」老成少爺還想再哀求，但退之少爺打斷了他的話。

「你還是在家陪你娘，小叔不在家，你就是家裡的男主人，雖然年紀小，但也要負起男人的責任。阿蘭陪我出門就可以了。」退之少爺轉向我：「阿蘭，既然十二郎已經知道我要出遠門，為了

避免影響他的讀書情緒，我決定提早出門，快去收拾行李，我們明天就出發。」

「小叔，不要啦！再陪陪我啦！」才十三歲的老成少爺情急之下，聲音哽咽。

退之少爺沒有回話，只見他起身直奔前院的梧桐樹下，扶著樹幹拭淚。

這些年來，退之少爺和老成少爺這對只差六歲的叔姪情同手足，兩人在梧桐樹下談詩論藝、賞花遊玩，曾經共度許多美好時光。如今要分離，莫說我這個旁觀者難過，就是無情的梧桐樹，恐怕也要垂淚吧！

5 進京趕考

　　我和少爺都是第一次出遠門，根本分不清東西南北，連前往臨近省縣的路途，也是一路走一路問，走了許多冤枉路，才摸清楚。

　　這日，我們主僕二人曉行夜宿，風塵僕僕的來到河中府。

　　中午時分，陽光在頭頂熾熱發威，晒得人暈眩，我們只好坐在路旁的大樹下休息。

　　「這兩條岔路，該走哪條才是？」少爺望著眼前的岔路苦惱著。

　　「這附近沒店家可以問路，不如咱們就猜拳決定，少爺你贏了的話，我們就走左邊這條路；若是我贏了，就走右邊這條試試看。」

　　剪刀，石頭，布。少爺和我

同時出布。

「哎！沒想到咱們從小喝一樣的母奶、讀一樣的書，長大後竟然連猜拳也一樣。」少爺說完，我們同時捧腹大笑。

「兩位小兄弟可真有雅興，中午時分在樹下划拳談笑，令人好羨慕。」我們身後突然傳來一陣低沉的嗓音。原來是一個樵夫擔著柴，從右邊的山路走下來。

「敢問大哥可是本地人？」少爺問。

「正是。」樵夫把肩上的柴卸下，捶著背休息。

「小弟是昌黎韓愈，正要到京城趕考，眼前這兩條山路，不知走哪條才對，想請大哥指點。」

「哦！你們是讀書人？」樵夫對我們肅然起敬：「走左邊這條路可以到長安，走右邊這條路可以到中條山。」

「中條山？」少爺的眼睛亮了

起來：「大哥說的可是高士陽城所隱居的中條山？」

「正是。」樵夫喜問：「小兄弟，你也認識陽城先生？」

「不認識。」少爺一陣羞赧：「只是聽說這個人學問一流，人品一流，是難得的人才，我仰慕許久。想不到今天誤打誤撞路過陽城先生居住的地方，真想親自去拜訪請教一番。」

「真不巧。他出外訪友了，可能下個月才會回來。」

「真可惜！」少爺悵然若失。

「兩位慢走。」樵夫把柴重新擔在肩上：「我得下山去了，家裡的人等著燒飯呢！」

樵夫走了，少爺的臉上明顯寫著失落的情緒。他走到右邊的山崖，望著前方的青山，若有所思。

正午時分的中條山，在碧藍如洗的晴空映照下，顯得異常高

聳蒼翠，山下的河面寬闊而黃濁，滔滔滾滾向東流逝，但山頂上堅挺兀立的松柏，完全不受河水東去的影響，倍顯寧靜。

少爺突然激動的說：「阿蘭，打開書箱，擺出筆硯紙張！」

少爺提起筆，洋洋灑灑的寫起詩來：

條山蒼，河水黃；
浪波灃灃去，松柏在高岡。

詩末，少爺加上附文：退之進京趕考，路過高士陽城隱居的中條山。見山河而嚮往高士風骨，隨口吟作〈條山蒼〉以抒發情感，表達仰慕之情。

6 話不投機的戰友

　　天邊的晚霞逐次暗去，群鳥
歸巢，少爺的步伐一步步慢了下
來。恰好，在前面小路旁，有一間
客棧的旗幟在風中搖曳。

　　我們走到客棧前，發現裡頭
擺設簡單，一個客人都沒有；掌
櫃的正打盹兒。

　　「我們在這間客棧休息吧？」
我說。

　　少爺同意我的話，領頭跨進
店門。

　　我們點了四碗飯，一盤醬
菜，還要了一間最便宜的客房。

　　走了一天的路，我們兩人真
是餓壞了，才眨眼工夫，就碗底
朝天了。

　　「客倌還要不要再上兩碗
飯？」掌櫃的熱心前來詢問。

　　「呃！」少爺打了個飽嗝，撫

著肚子說：「我已經吃飽了。耿蘭，你呢？」

　　我覺得自己的肚子連底都還沒填平，至少還可以再吃十碗，可是少爺都說吃飽了，我這僕人豈能喊餓。

　　「我也吃得差不多了。」

　　這時，正好有一位衣著華麗的公子帶著兩名僕人上門。

　　「掌櫃的，來盤滷肉、鮮魚、青菜、十碗飯。」穿著藍色繡花緞衣的公子一坐下就點菜，並迫不及待的說：「再來兩間上好客房，我們趕了一天路，得好好休息。」

　　掌櫃見到生意上門，欣喜的迎上前去招呼。少爺趁機說：「阿蘭，這盤裡還有兩片嫩薑，浪費了可惜，咱們一人一片，把它吃了。」少爺話才說完，薑片就已經進了嘴裡。

　　我也用最快的速度吃了盤中

殘存的醃薑。那薑太薄太小了，嚼在口裡莫說沒有辣味，就是鹹味也沒有，可是我們倆仍是煞有介事的嚼著。我在少爺碗裡看到兩粒可愛的白點：「少爺，你碗裡還有兩粒飯。」

「真的？」少爺一陣驚喜，飛快把飯粒扒進嘴裡，然後，指著自己的左頰對我說：「阿蘭，你的嘴唇邊也有一顆飯粒，快吃掉它。」

我伸手一摸，真的有一顆飯粒，伸手一抓塞進嘴裡，淡淡的甜味從齒縫中傳來，感覺特別的清香。

「這家客棧的飯可真好吃！」我不捨的把那粒早已化在唾液中的飯粒吞進肚。

旁桌的華衣公子卻在這時把手中的碗重放在桌上。

「這飯又粗又硬，誰吞得下去？吃這種粗米，不但壞了我的

胃口，恐怕也會壞了我的考運。」

少爺聽了，立刻起身走到華衣公子桌前打躬作揖：「這位兄臺，可是要進京趕考?」

「沒錯。」華衣公子從上到下看了少爺一眼，像是要目測他的斤兩似的，「難不成閣下也要趕赴大考?」

「正是，小弟是想，既然都要去考試，何不一起討論讀書心得與文章作法，也許可以增強應考能力。」

「說得極是，不如咱們吃完飯再一起研究。」華衣公子起了興致，隨即再多點了幾道菜，多加兩副碗筷，我們主僕兩人又陪著再吃了一頓。這是我們離鄉以後，吃得最撐的一頓飯。

吃過飯，各自回到房間梳洗過後，華衣公子依約帶著自己的文章來到了我們房間，兩人各自展讀對方文章。

　　讀完，準備討論。華衣公子信心滿滿，卻強抑心中得意：「小弟才疏學淺，文章還請兄臺指正。」

　　只見少爺深鎖雙眉，猶豫許久才開口：「兄臺的駢文寫得可謂漂亮至極，但讀來缺乏令人感動的力量。」

　　「哦？」華衣公子詫異的問：「是不是小弟的對偶不夠？用典不豐富？」

　　「小弟以為，儒家經典博大淵深，富含人生哲理、為政之道，有志透過科舉報效國家的考生，實在應該熟讀儒家經傳，並熟練古代散文的寫作方法。若只是一味習寫外表華麗，內容空洞的駢文，難逃落榜的命運。」

　　「哼！」華衣公子不屑的從鼻孔吐出氣來：「什麼時代了，還在讀那些老掉牙的東西？現在流行駢文，我們就要好好磨練駢文的

寫作技巧。你看那些廟堂之上的大官，一個個駢文寫得多麼華美動人，辭藻的堆砌顯得多麼有水準！」

「那些駢文美則美矣，卻全然沒有半點感情、思想深度，就像一個人穿著錦衣，外表雖然耀眼，但是只要一開口說話，就會讓人發現是個沒有半點學問的草包，真是可憐可憫；而古文內涵豐富，就像一個學問淵博的布衣書生，儘管毫無奪目的外表，但他的內涵卻閃動著誘人的光輝。」

「閣下可是指桑罵槐，說我這個富家公子是個草包，不像閣下雖然穿著粗布褐衣，卻是滿腹詩書學問？」華衣公子猛然起身：「話不投機半句多，老王，老李，進房休息了。」

華衣公子帶著兩個僕人拂袖而去，留下錯愕的少爺。

過了好一會兒，少爺才從震

撼中醒轉，不以為然的搖頭嘆
氣。

　　「沉溺在駢文的古井裡，只
看到駢文帶來一時的功名利祿，
怎能名留青史？國家若由這些人
帶領，真是可憂。」

7 第一次落榜

長安城內爆竹響連天。

禮部大考＊放榜了！榜單前萬頭攢動，一個個讀書人伸長著脖子往上探看，企盼在榜單上找到自己的名字。人實在是太多了，少爺和我分兩頭看榜，我從頭到尾看了一次，卻沒有找到「韓愈」二字，這怎麼可能？我想，一定是眼前的人頭遮住了少爺的名字，我不放心，再從頭查了一次榜，還是沒有看到，再看一次，仍然沒有。我失望的退出擁擠的人群，卻見到少爺落寞的站在對面的樹下。

「可能是人太多了，我沒看仔細。」我的喉嚨苦澀，竟然沒辦

＊唐朝中央學校的學生及地方生員，經挑選後參加禮部考試，錄取後再經吏部考試或皇帝殿試，才能當官。

法一口氣講完：「等晚上人群散去，我再來看一次。」

「不必了，每個字我都看得清清楚楚。咱們回客棧吧！」少爺故作瀟灑的兩手一攤：「我這次的運氣可能不太好。」

我們剛轉身往客棧走，就聽到一個熟悉的聲音吆喝著：「老王！老李，走！咱們慶功去。」

少爺停住了腳步，並沒有回身。緊接著聽到兩個聲音同呼：「恭喜公子！賀喜公子！」

我轉頭望向少爺時，他也正好望向我。從少爺的眼神，我可以知道，我們兩人都猜中身後金榜題名的人是誰了。腳步不由得沉重起來。

後面的人腳程快速，果然不一會兒就從我們左後方超越，當他們三人興高采烈走過我們身旁時，少爺的頭正好轉向右方，一直望著右邊的房舍，腳步走得很

慢，直到他們走遠，才又轉回前方。

　　一路無話回到客棧，少爺因為心緒不佳，早早就熄燈上床。但少爺一直翻來覆去，不時輕聲嘆氣。我則一直平躺在少爺旁邊，不敢出聲。

　　鄰房的談話聲停了，對面客房的燈熄了，窗外的蟲聲也不知何時消失了，只剩下天邊那彎殘月孤獨的掛在天空。不知爹娘此時睡了沒？他們是不是也和我同時看著這彎明月呢？他們是不是會想念我呢？原本以為放榜就可以光榮回鄉，如今，少爺考試失利，得等到下次考上進士才能回家了。想到家鄉的爹娘，我的眼淚不禁汩汩而流。

　　淚水沾溼了枕巾，鼻涕塞住了我的鼻子，我只得張大口呼吸，但鼻塞的情況卻愈來愈嚴重，使我不得不更使勁吸氣。突

然「呼嚕」一聲巨響從我的鼻翼爆出，嚇了我自己一跳。

「阿蘭，你沒睡著，對不對?」少爺翻身面對我。

「嗯！我睡不著。」我一開口，才發現自己的鼻音真重。

「你怎麼哭了?」少爺伸手摸我的臉頰:「是不是想家?」

「不！」我的頭在枕上拼命搖晃，「我沒有想家。」

「都是我不好，我名落孫山害你不能回家，必須跟著我留在京師。」

「少爺，這不怪你，是主考官沒有眼光。像你這樣有學問、好才情的人，竟然落榜，反倒是我們上次在客棧遇到那個只重外表的公子卻上榜了，真是老天沒長眼珠。」我義憤填膺的說著，鼻子竟然通了。

我的話說到少爺的心坎裡去了，他猛然坐起，信誓旦旦的

說：「明月在上，為我作證，退之今日雖蒙受落榜之恥，但絕不灰心絕不放棄，有朝一日科舉出頭，必定回報養育我的大嫂、乳娘，和從小陪我的阿蘭。」

少爺一席話令人動容。只要我們繼續待在長安奮鬥，我相信憑著少爺的才識，登科進士是早晚的事。

8 三度落榜

一匹快馬送來夫人的信箋，傳來惡耗。堂少爺韓弅（韓監察御史雲卿的次子）出使平涼與吐蕃訂盟，然吐蕃竟然背信劫盟，唐官兵數百人被殺，堂少爺韓弅也在吐蕃遇害。

夫人在信末提到：「家中所餘資財不多，你們可以去投靠韓弅的舊友馬燧大人，告訴他堂兄為國捐軀一事，或許可得到食宿支援。」

收拾起悲傷，我們依照夫人指示，前往馬府投靠，果然得到馬燧大人的招待。從此，少爺和我有了固定留宿的地方，再也不必四處尋找便宜客棧；少爺也可以專心讀書準備應考，希望下次的考試可以傳來捷報。

少爺與我情同手足，彼此信

任，這趟出遠門，夫人把旅費交給他之後，他隔日就交給我保管，自己專心讀書。

　　寄居在馬燧大人府上，雖然食宿不成問題，但是少爺讀書寫文章的紙筆硯墨還是得花錢，眼見荷包愈來愈癟，我的心愈來愈慌，但又不忍拿這些俗務去干擾少爺的學業，只好自己想辦法。

　　一日，我在長安街頭看見有個補鍋匠生意挺好，想起小時候爹也曾教我做過這個活兒。在我的毛遂自薦下，補鍋匠願意收我為徒，示範兩三回後，補鍋師父便讓我開始上場補鍋子。

　　「嗯！做得不錯！」師父把我補好的鍋子舉高對著天空查看，滿意的笑了。我只要幫忙補兩個鍋子，師父就給我一文錢。

　　從此，我每日幫忙打掃完馬府的院子之後，就一個人晃到市集，賺點小錢，貼補兩人的日常

花用。

　　少爺受到第一次落榜的打擊，心緒低落了幾日，但很快就打起精神，準備第二度參加考試。少爺出身書香世家，從小聰明好學，讀書過目不忘，爹說少爺是天生讀書的料，少爺自己也充滿了信心，第一次的考試一定是主考官沒眼光才會落榜。

　　我相信少爺考上進士是遲早的事情，因此，我每日都開心的到市集賺點小錢，耐心的等待少爺榮登金榜的大喜日子。

　　可是，第二次考試放榜，榜單上還是沒有少爺的名字。第二次落榜，少爺表面上很平靜，夜裡卻仍輾轉反側。過了好多天，臉上才重見笑容。

　　第三次落榜時，少爺哭著問我：「阿蘭，你老實說，我的文章是不是真的寫得很爛？」

　　「少爺，你的文章之高妙，

家鄉有誰不知道？」

「可是，連那些不學無術的人都考上進士了，而我卻接連落榜三次。」少爺情緒失控的大叫：「老天爺真不公平，如果我的學問文章不佳，叫我落榜我心甘情願。可是，像我這種人才，竟然因為主考官對駢文的喜好而落榜，叫我怎麼能夠接受這種不公平的待遇呢？」

我不知道自己應該說些什麼，只能默默跟著流淚。

一日，我在市集和一位年老的顧客聊天，老人家得知我陪著少爺進京應考多次，均名落孫山，方才流落市街補鍋。老人家好心告訴我上榜的祕訣：「在人才濟濟的長安城中，走在路上，十個人就有三個是來考試的。你們家少爺一個人單打獨鬥，一輩子都考不上進士的。你該勸他去拜師求學，有名師的指點和同門的

切磋，才有上榜的機會。」

「我們家少爺早有此心，但我們從外地來，在京師中無親無故，再加上盤纏拮据，如何高攀得上名師呢？」我硬著頭皮說出困境。

「沒錢奉上束脩＊的確是個麻煩。」老人皺著眉頭思考了半晌：「不如這樣，我們家老爺是剛上任的監察御史＊梁肅大人，對文章也頗有研究，我回去問他願不願意收你們家少爺為徒。」

「多謝老人家！謝謝老人家！」我喜出望外的握著老人家的手，彷彿握著一個希望。

回到住處，少爺聽完我的敘述，沉寂已久的眼神為之一亮，坐回書桌提筆寫文章，不過一個

＊束脩　敬師的禮物。

＊**監察御史**　主要工作為巡察各州縣的屯田、鑄錢、館驛等制度的實施狀況及缺失。

時辰過去，少爺就交給我一篇文章，交代我說：

「你把我這篇文章帶在身上，如果遇到那位老人家，就請他轉交給梁御史。」

過了幾日，老人果然上街來，我把少爺的文章拿出來請他轉交。

自從少爺將文章託我帶給老人家之後，便天天到門口等我下工回家，詢問梁御史的回音。不過，等了四、五天，我都沒有看到老人家出現在市場。少爺忍不住又寫了一篇文章交給我，他說：「聽說梁御史是有名的古文大家，我上一篇文章可能寫得太膚淺，昨天重寫了一篇，你帶在身上，遇到老人家時再請他轉交梁御史。」

又過了幾日，果然在市場上遇到了老人家，老人家說他早已把少爺的文章轉交，但是主人並

未表示什麼意見，他一個僕人也不方便問太多。

「我們少爺又寫了一篇文章，不知是否依然可以拜託老人家幫忙帶給主人過目？」我從懷中掏出少爺交代的文章，老人家很爽快的接過手去，答應只要有消息一定立刻告知。

這一等又是幾日，少爺焦急得接連寫了幾篇文章，託我轉交給老人家。可是，梁御史一直沒有回音。幾次之後，少爺倒也不再焦急，只是專心寫文章，每隔三兩天便交給我一篇文章帶到市集，好轉交給梁御史。

可能是因為失望太多次了，少爺早已不再盼望對方的回音，只是為寫而寫，希望有一天能找到知音。

就在少爺完全放棄希望的時候，老人家突然告訴我一個好消息：「我們家老爺很欣賞你們少爺

的文才，對於他的耐性和企圖心也很敬佩，希望能見他一面，並正式收他為徒。」

少爺得知這個好消息，立刻前往梁府拜訪。梁御史和少爺一見如故，兩人暢談終夜，直到天邊露出魚肚白，兩人才各自睡去。從此，少爺三天兩頭前往梁府研讀，和同門的李觀、李絳、崔群等人成為梁肅大人門下的高徒。

自從有了志趣相投的同窗，少爺念起書來分外起勁，文章寫得更勤，每從梁大人處回來，就迫不及待把恩師修改過的文章朗讀給我聽。

經過名師的指點和同窗的切磋，少爺的文章進步神速，不僅內容豐富，念起來也很流暢，就和小時候韓會老爺教我們背的文章沒有兩樣，甚至寫得比古書更有意思。

9 龍虎榜名列第十四

謝天謝地！少爺終於考上了！擠在人群中，我看著榜單上的「韓愈」二字，越看越高興。離家六年來的艱辛，就像一縷輕煙，飄到不知名的遠方。

「我得趕快回去報告少爺這個好消息！」我心裡想著，身體用力往後擠，卻始終擠不出人牆；每個人都伸長脖子、踮著腳尖看榜，根本就沒有人願意讓出一條路給我走。也罷！既然擠不出去，我就再把榜單上的三十三個名字背起來，回去好向少爺稟報。可能是落榜太多次了，少爺這次推說身體不舒服，叫我自己來看榜，我就慢點回去，好讓他再多緊張一會兒。

「咦？李觀、李絳、崔群、馮宿、韓愈……這些不都是京城

有名的讀書人嗎?」一個粗獷的聲音從我右後方傳來:「這些名人竟然都一同考上進士,真是名副其實的『龍虎榜』。哈!哈!哈!我敗在這三十三人手下,敗得心服口服。哈!哈!哈!」

　　聲音粗獷的男人極強壯,他用肩膀一擠,人群就讓出一條路來,我趕緊隨著該名落榜男子離開了人群。

　　回到我們寄居的馬府,原想直接進到廂房告訴少爺這個好消息,卻不料馬府人聲鼎沸,熱鬧得像辦廟會似的。原來,報喜的信差已早我一步來到府中,少爺在人群的簇擁下,樂得闔不攏嘴,一看到我進門,少爺就對著我大叫:「阿蘭!我考上了!我考上了!名列十四!」

　　「恭喜少爺!賀喜少爺!阿蘭知道少爺是個聰明人,一定會考上的,你真的考上了!真的考

上了！」看到少爺久無神采的面容又重現陽光般的笑容，我不由自主的躍上前去，抱著他又跳又叫、又哭又笑。

少爺金榜題名，借宿的主人馬燧大人深感光榮，開席宴請眾人，也算是慰勞少爺這些年來焚膏繼晷的努力。席間，馬大人向少爺敬酒賀喜：「韓公子，恭喜你榮登金榜，也預祝你下次參加吏部博學宏辭考試＊，馬到成功。乾杯！」

馬大人一仰而盡，少爺也前所未見的乾脆，一口就把手中的酒全都喝完。少爺喝得太急，兩道透明的酒液就由他的唇側流出來，他擦也沒擦的就回答：「多謝

＊唐代進士擢第後，想在京師政府機構任職，必須通過吏部考試或制舉（皇帝親自主持的考試，但不是每年都舉行，錄取機會較少）。

吏部考試每年定期舉行，有拔萃、平判、博學宏辭等科。入選後多是祕書郎或校書郎之類職位，官階是正九品。

馬大人這些年的收容之情，韓愈有今日榮耀，全是馬大人所賜。韓愈必當努力準備吏部考試，謀得一官半職，以報大人濟助之恩。」

「韓公子文才冠天下，莫說是吏部考試，就是在金鑾殿上吟詩作對也難不倒你。咱們就等著韓公子的好消息了。哈！哈！我就先乾為敬了。」馬大人爽快的喝光杯裡的酒。

慶祝晚宴一直到二更天才結束。忙了一天，我雖然累得四肢痠軟，躺在床上卻亢奮得睡不著。少爺也是翻來翻去，無法成眠。少爺起身點燃了燭光，我也跟著起身。

「阿蘭，我高興得睡不著！」

「我也是！」

「大嫂如果知道我終於考中了進士，心裡一定很高興。」

「我爹上回還託人帶信來，

要我告訴少爺，夫人上次到廟裡進香，抽到上上籤，說你今年一定會考上。」

「哦？想不到還真被籤詩給說中了。」少爺突然想起什麼似的，急忙問道：「你爹信中有沒有提到老成？他的身子可有健康一些？」

我搖頭。

「那孩子，可惜身子骨太弱了，如果紮實一點，憑他的才智，哪需要像我這般駑鈍，考了四次才考上。」

「少爺，你是考運不好，才會考四次。」我糾正少爺的觀念：「如果你願意像別人那樣寫些歌功頌德的駢文，就不會考得這麼辛苦了。」

「叫我昧著良心寫那些無用的東西，不如讓我去當個一字不識的村夫，來得自由自在。」少爺的聲音高亢起來。

「從小大哥就教我，文字是世上最高貴的東西，文字是要寫出來講述道理，教化人心的，而不是用來阿諛奉承的，我怎能忘記兄長的訓誨？」

「韓會老爺說的這些道理我依稀有印象。」

「不只大哥這麼說，梁恩師也是這麼教我們幾個門生的。他說自古以來，孔子、孟子把文字使用得最好，是文人的典範；也唯有把道理傳給後人的文字，才能流傳千古。我希望自己能夠效法孔孟，成為孔孟傳人，寫出教化人心的千古佳文。」

「少爺，你一定能做到的！」我由衷說。

「謝謝你，阿蘭，你一直都是我的支柱。我有今天的成功，全靠你的幫助。」

少爺一番話，暖到我的心坎裡去了。

　　這也是我們離家六年來最幸福的一個夜晚。

10 吏部考試重挫

　　沒想到少爺連續參加三次吏部舉辦的博學宏辭考試，竟然都落榜了。

　　偏逢馬燧老爺病逝，整個馬府一片哀戚，好不容易喪事辦完，少爺終於可以開始專心讀書，準備下回的考試了。

　　天將黑，書房裡已燃起蠟燭，燭火將身影投射在紙窗上，朦朧中，猶看得出少爺展卷閱讀的姿勢。

　　昨日接到家鄉的來信，說夫人身體不好，盼望還能見到少爺一面；我猶豫再三，不知道是要據實以報，還是再瞞著少爺一陣子。也許等到少爺通過了吏部考試，衣錦榮歸，夫人心裡一喜，身子就硬朗起來了。

　　房門突然打開，我想抽身往

回走，卻已來不及。

「阿蘭！你怎麼在這兒？天暗著呢！」少爺驚叫。

「我⋯⋯」一時找不到藉口，我只好老實說：「少爺這幾日自己悶在房裡，阿蘭擔心，所以⋯⋯」

「你擔心我想不開？」少爺望了我一眼，邁步走到庭中，突然仰天大笑。

「少爺？」少爺的情緒一下子變化太快，讓我手足無措：「少爺，你還好嗎？」

「阿蘭，我這幾日閉門深思，決定放棄吏部考試，直接到藩鎮謀職了。」少爺鎮定的說。

「少爺，千萬不可！」這個決定真的是太令人意外了，我著急的說：「如果讓夫人知道，她一定會很失望的。這些年來，夫人天天都等著你在朝廷謀得官職，光榮回鄉啊！」

「阿蘭，你別緊張。我自然有我的打算。」

「你叫我怎麼能夠不緊張？這些年來，我任勞任怨的服侍少爺，為的就是希望少爺能夠無後顧之憂，專心讀書，來日才能衣錦返鄉，報答老爺夫人照顧我們一家三口的恩德。如今，少爺你……」我情緒太激動了，以至於一下子沒有辦法把話說完。

「阿蘭，你別激動。咱們到石桌那兒聊。」

少爺拉著我就往花藤下的石桌走去，等我們都在石椅上坐定，少爺才緩緩開口：「前一陣子我向通過吏部考試的同門先進請教，並借來他們的文章，仔細讀了兩三遍，覺得那些人寫的文章也不過爾爾，除了堆砌華麗的辭藻之外，根本沒有什麼思想內涵，就是用一把刀子架在我的脖子上，我肯定也是寫不出來的。

「如果用那樣的標準取才，莫說是我再考十次也考不上，就是屈原、孟軻、司馬遷、揚雄……這些大文豪去考試，恐怕也是一個都考不上。既然如此，我又何必浪費精神和力氣去和那些人爭名位呢？」

少爺的語調聽起來仍和往日一樣激昂自負，我不禁抬頭仰望天空，沉暗的天幕，一輪月亮高掛，顯得分外寂寞。少爺的人品與對文章的堅持，是否也正如天上的明月般孤獨？雖然癡長少爺幾歲，但我識字不多，見識有限，真不知該如何回答少爺的話才是。

「少爺，既然你已經考了三次，也有經驗了，不如再考一次試試看，也許就考上了。」

「阿蘭，有些事你不知道。考試雖然是拔擢人才最公平的方式，但這公平只是表面的而已。

如果沒有得到有力人士的幫忙，仕途的大門是不會自動為我打開的。」*

「老爺以前當官，不是有一些好朋友嗎？咱們可以去拜託他們，或是找你的恩師梁肅大人幫忙呀！」我急著獻計。

「別勸我了。」少爺作勢叫我別再往下說，「奔走權貴之門換得仕進，是我絕對不屑去做的事。更何況生活長期依賴他人供應，是男人之恥，而且也不可能有人願意長久供應一位考試一再落第的失敗者。如今，馬大人逝世，他的家人遲早會斷了對我的援助，不如我自行請去，顏面上還好看些。」

「可是……」我還想再遊說少爺。

「別再說了。在朝為官只是一般世俗的榮耀，人品未必就會因當官而高貴。像陽城，你還記

得咱們進京時，在山路上遇到的樵夫，他口中的高士陽城嗎？現在又如何？」

我點頭，被少爺這麼一說，真的沒有什麼立場去勸他了。

想起當年少爺在山路上隨口吟哦詩作〈條山蒼〉，內心對陽城的高潔風骨是何等的景仰。可是，誰能料到，後來陽城受朝中大臣李泌的推薦入朝，官拜著作郎＊，不久又轉諫議大夫＊。但他做了五年諫官，卻毫無表現，只跟兩個弟弟和賓客日夜痛飲，令人非常失望，根本只是虛有其名。

官海的浮沉，雖不是我這才

＊唐朝考試制度常被政府權貴人物所汙染，公主親王以至宰相，常事先將推薦的考生姓名交給主考官。此外，評審官對文章的好惡往往也可決定名次，評分並無客觀標準。因此，應考士子大多會在考前找關係，或設法拜入可能為主考官者的門下。

＊著作郎　負責編修國史的官員。

＊諫議大夫　負責對皇帝的言行提出勸諫、建議的官員。

背過幾句聖賢經傳的凡夫俗子所能了解的，可是，我仍不贊成少爺往藩鎮發展。

「如果夫人知道你屈居藩鎮小職，內心會多麼失望？如果你不想再參加考試，何妨寫些信給朝中的有為之士，也許可以在那些大官手下謀得一官半職，然後再慢慢考慮將來的去留。」我想了想，還是不放棄的勸說著。

少爺默不作聲，可能正在考慮。我乾脆一鼓作氣把話說完：「少爺，河陽韓府是仕宦門第，如果你在長安待了這些年，最後卻落得往藩鎮發展，夫人在家鄉有何顏面？」

「考試落第，你以為我不難過嗎？誰不喜歡風光的日子？」少爺猛然起身，不耐煩的說：「別講了！我自幼讀聖賢書，還需要你教我為人之道？」

少爺拂袖而去，留下呆立院

中的我。

　月光下的庭院倍顯淒清。

11 求官信

　　五天了，整整五天，少爺把自己深鎖在房間中，不肯出來，我進房去探望也不肯和我多說話，不知他是在想些什麼，真是急死人了。端進去的飯總是只吃兩口就不吃了，看他消瘦了一圈，我真是悔不當初，早知道我不要多嘴就好了，萬一少爺生了心病，有什麼三長兩短，叫我怎麼向夫人交代？

　　眼看著太陽出來，下山；月亮東升，西落。一天又一天，少爺仍然把自己關在房裡。身為僕人，我只能坐在門外的木椅上乾著急，啥也插不上手。

　　恍惚中，我見到爹指著我罵：「好好一個人讓你照顧成這樣，你叫我如何向黃泉下的老爺交代？」

爹說著，劈頭就是一巴掌打來，我忙伸手架住哀求：「爹……」

突然又有一隻手拉著我的手臂。這是怎麼一回事？

「阿蘭！你醒醒！」原來是少爺的聲音。我睜開眼，看到少爺正站在我的面前。

「少爺！」我驚喜的問：「你叫我有什麼事？」

少爺嘆了口氣：「我想了幾天，覺得你的話也不是沒道理。我寫了封自我推薦的信，你幫我送去李泌宰相府。」

少爺在信中大談臣子報國的大志，並表示希望得到宰相大人的「垂憐」，引薦為官。

信送出之後，少爺就顯得焦躁不安，時常在房裡踱步，我也成天守在廂房外的院子，等著宰相的聘請通知。像少爺這種博學多才的青年，在長安城中找不到

第二個，宰相收到了少爺的求職信函，一定會覺得是天上掉下來的禮物。

可是，一天過了又一天，為什麼始終沒有宰相的回音呢？會不會是相府的守門人忘了把信交給宰相？

苦等多日，少爺沉不住氣了。他再接再厲又寫了封信給宰相，在信裡暢談為官之道，希望能得到賞識，但仍無下文。

於是，少爺又再寫一封信給宰相，除了抒發個人大志，還大力誇讚宰相仁民愛物，是大唐天子與人民共同的福音。少爺寫信時，我在一旁為少爺研墨，望著少爺一字一句的寫下讚頌的文字，我強忍著眼淚不敢落下。若不是家境貧窮，生計迫人，才高八斗，性格剛直的退之少爺，怎會忍氣吞聲寫下這些他向來所不齒的馬屁文章呢？

　　為了慎重起見，少爺親自送
到相府，交給守門人。

　　等了半個月，仍然石沉大
海。少爺按捺不住，只好親自登
門拜訪，卻為守門僕人以「相爺
沒空接待」為由，將我們拒於門
外，我們只得失望的回來。

　　就在那天，老家傳來夫人逝
世的惡耗。沒有第二個念頭，我
們立刻東歸。

12 藩鎮發展

和少爺待在長安的這幾年，夫人的健康每況愈下。沒想到當年分手之時，竟是此生最後一次見面。

夫人逝世，退之少爺成為一家之主，必須主持一個大家庭，為了開源，他在藩鎮得到一個官職——汴州刺史董晉邀請他到汴州擔任觀察推官＊，可是他卻不讓我陪他上任。

「我都已經快三十了，可以照顧自己。你留下來照顧你爹和你娘，他們老了需要你，老成年輕，這個家也需要你裡裡外外的張羅。」

「小叔，」老成少爺還想勸退之少爺，退之少爺卻作勢打斷他

放大鏡　＊主要工作是掌理刑獄。

的話：「事情就這麼決定了。」

退之少爺遞給老成少爺一疊紙：「這些文章是我這幾年在外興致來時所寫的東西，我不在時你可以拿來讀讀。如有不懂，阿蘭可以為你解釋，文句他可能不是頂了解，但是寫作時的心情，我是和他分享過的。」

「阿蘭，這個家和老成少爺就託付給你了。」退之少爺懇切而鄭重的看著我。

我點頭，感到肩上無比沉重。

退之少爺出門後，老成少爺一得空就翻閱退之少爺留下的詩文。

「小叔的文筆真好！」老成少爺翻看著退之少爺的〈貓相乳〉，讚不絕口。

「這是有一回少爺在朋友家看到一隻母貓能代其他母貓哺育小貓，感慨很深，認為貓雖是家

畜，卻比飽讀詩書的人類還懂得仁慈之道，有警示世人之意。」我為老成少爺解說退之少爺彼時的寫作心態。

「真是有趣！這篇〈毛穎傳〉也很有意思！」

老成少爺拿著退之少爺的文稿，口中念念有詞，陶醉其中。

「少爺猜猜看，故事中的人名指的是什麼物品？」

「物品？你說〈毛穎傳〉裡的人物不是人，是物品？」

我微笑著點頭。

「這可真有趣，我得好好來猜個謎。」少爺搖頭晃腦讀了又讀，推敲了又推敲，突然拍桌大叫：「我知道了！我知道了！陳玄是墨，陶泓是硯，褚先生是紙。而毛穎嘛，就是毛筆。文房四寶大集合，哈哈！」

「韓家少爺果然個個聰穎！」

少爺兩眼發亮，喜色滿面，

卻又隨即黯然。

「可是，小叔的構思雖奇特，文筆也流暢，就是題材怪了些，一般人恐怕未必讀得通。」

「退之少爺有一個朋友叫柳子厚，他認為這是篇奇作，還寫了〈讀韓愈毛穎傳後題〉，大大誇讚了一番，認為退之少爺的文章比起漢代的司馬遷來，毫不遜色。但是，退之少爺寫完這篇文章時，的確滿多人批評他胡說八道，亂寫文章，指責他身為一個進士，不好好習寫四六文，反而寫這些怪誕沒用的東西，真是汙辱了自己的筆。」

「小叔這些年在長安考運不佳，想必是和他的文章與眾不同有關。」

「應該也是。」

「這篇〈感二鳥賦〉，也是淺顯易懂，但讀了卻讓人心情沉重，小叔又是在怎麼樣的心境下

寫的呢?」

「這是退之少爺在返鄉奔喪途中所寫的。我們五月二日離開長安東歸，途中看見有人提著關著白烏鴉和白色八哥的鳥籠往長安走。少爺好奇詢問，才知是河陽節度使特地拿來要進獻給天子的。少爺認為二鳥無知無識，只是因為牠們的羽毛奇異，就能進入皇宮，蒙受皇帝的恩寵；而他自己懷抱才華器識卻無人推薦，無法蒙受天子的恩寵。因此產生了人不如鳥之嘆，所以寫〈感二鳥賦〉來發洩心中的哀傷。」

老成少爺聽完，面容憂戚，久久不語。

夜深了，我收拾著退之少爺的詩文，明天一大早還得起來幫娘打水、生火呢！

「少爺，夜深了，睡了吧！」

老成少爺默默起身，往臥房走去。前腳才踏過門檻，馬上又

轉身對我說：「蘭哥，我現在終於知道我娘為什麼不讓我進京參加考試了，那樣的考試環境和壓力，著實太殘酷。我這病弱之軀，恐怕是煎熬不過來的。」

「是呀！老夫人既然已經仙逝，退之少爺也就不必再堅持考試這條路了。」我由衷的感慨。

13 叔姪汴州相聚

退之少爺結婚大喜。我陪著老成少爺從宣城來到汴州探望退之少爺，就好像從荒郊野外來到繁花似錦的花園，讓人感覺目不暇給。

兩位少爺久未相見，一見面就聊個不停，真是一對感情深厚的叔姪。

轉眼一年過去，老成少爺仍待在汴州，捨不得離去。昨天接到爹捎來的信，說家鄉的產業需要老成少爺回去處理，那些佃農們看到主人長久不在家，難免蠢蠢欲動，妄想將田產據為己有。

「再不回來，恐怕連祖產都會沒了。」爹的口氣焦急萬分，老成少爺只得向退之少爺辭行。這回退之少爺不敢再挽留老成少爺，只是捧著他的手，依依話

別。

「老成，你自幼身體虛，家裡的事情交給阿蘭就可以。家務錢財瑣事最煩人，要記得不要為瑣事勞神，有空多讀書多寫文章就對了，一則修身，再則養神。考試求官的路太艱苦，你的身子弱，就別嘗試啦！」

「姪兒知曉，請小叔放心。」老成少爺接著問：「想請問小叔，該如何自己讀寫修身呢？」

「對於文章的看法，福州刺史柳冕的主張很值得參考，他認為文學應歸根於倫理道德，文章應有助於教化，以影響天下人。雖然他自己沒有創作什麼文章，但他對文章的看法卻是值得推廣的。遠從戰國時代，純散文就已具備規模，發展到六朝時，散文駢儷化，講究華美，常會有辭不達意之苦，寫出來的文章，文理窒礙不順。讀這些文章簡直就是

浪費生命，寫這樣華而不實的文章，也是虛度光陰，你千萬要警惕！」

「小叔，你對寫作文章復古的作法，等於是扛著大旗罵現在的讀書人，恐怕……」

「只要是做對的事情，就不要害怕。」退之少爺充滿自信說：「本朝初，史家已漸有輕視文學唯美化的傾向。李百藥作《北齊書》、魏徵作《隋書》、姚思廉作《梁書》及《陳書》……在他們的史書中議論前代興衰與政績時，也都認為六朝淫靡的文風，確實對政治產生極不良的影響。所以，我相信自己的堅持一定是對的。」

想不到幾年不見，退之少爺的識見、談吐愈發不俗，老成少爺和我不由得敬佩的望著他。

「文章千古事，談也談不完，你只要專心讀、用心寫就可

以了，但要記住，讀書千萬不要過三更，健康才是最重要的。」

「姪兒知道。」

三天之後，退之少爺準備了大包小包的禮物，讓我們帶回宣城。我們出城的時候，退之少爺和夫人為我們送行。

退之少爺趁著老成少爺和夫人話別時，把我拉到一邊，偷偷塞給我幾錠銀兩，交代說：「我去年因隨著董晉大人平定戰亂有功，升了官，薪俸增了些，這些給你帶著，家裡欠錢時就拿出來應個急。」

我把少爺塞給我的銀兩揣在懷裡，才準備要去挑行李，退之少爺又悄悄在我耳邊叮嚀：「老成還是個孩子，偌大的家，我怕他理不來，你多少幫著點兒。

「宣城老家也沒什麼長輩了，就請你爹娘提醒老成，子女的教育絕對不可以疏忽。他也老

大不小了，該學著做個能幹明理的父親，把大哥的孫子教好才是！」

退之少爺可能是心情太亂了吧！才會語無倫次，方才說老成少爺還是個孩子，這會兒又說他老大不小了。我都快被他的話給搞糊塗了，但他交代的事情我謹記在心。

老成少爺眼眶含淚，不捨離去，倒是退之少爺拍著他的背，催著他啟程。當了官的人到底是不一樣了，比起老成少爺，退之少爺到底沉穩、幹練了不少；這些年他獨自在藩鎮官場打拼，想是受到不少磨練，成熟了不少。我彷彿看到當年那棵稚嫩未經風雨的小樹，已經長成一棵大樹了。

14 勸諫惹禍

時光匆匆，與退之少爺一別，不知不覺又過了一年。

我們在老家的生活較前幾年寬裕許多，不必再鎮日為借貸所苦，這都得感謝退之少爺不時託人帶些銀兩回鄉濟助。

老成少爺的身子愈來愈弱，需要長年服藥調理；爹娘也更老了。因此我無法離家，只能憑著退之少爺的家書，知道他的情況。

董晉大人逝世後，汴州兵變，少爺逃到徐州，幸運的得到節度使張建封的救助，才能安頓下來，得到一個官職。但像退之少爺那般才華出眾的人，怎麼受得了在平庸的張建封手下做事呢？因而，漫長的上班時光總讓他感到度日如年，抱怨連連。

「尤其是每年九月一日起至次年二月底止，府中人員必須『晨入夜歸』，從每日寅時上班到酉時，長時間的辦公，違背人性。如此的規定，令人敢怒不敢言。」少爺的家書中，隱隱約約透露了他和上司張建封不合的訊息。

娘知道了退之少爺上班的辛勞，擔心得夜裡總是睡不好。她對親自哺乳長大的退之少爺的關愛，有時還真令我嫉妒。

初春三月，城東的張員外要到徐州辦事，娘特地採買了一些補品，託張員外帶給少爺。

「麻煩你送給我們家退之少爺時，順便跟夫人說，一包補藥燉七碗水，熬到成為三碗水時，就給少爺分三餐飯前喝，一餐一碗，每個月連續喝五天，少爺就會有元氣上班了。」娘把補藥交給張員外時，交代了一次又一次，

深怕張員外把話傳錯了。

過了數月,張員外回鄉,帶來了退之少爺的家書,老成少爺看了,兩道眉頭糾結在一起。

「退之少爺說些什麼?他身體好不好?夫人呢?」娘著急的在一旁問,彷彿寫信的人是她親生的兒子似的。

「小叔說,張節度使沉迷馳馬擊毬運動*,他看不慣,作了〈汴泗交流贈張僕射〉一詩,加以勸諫,提醒他,淮西節度使吳少誠已不聽從朝命,有反叛的跡象,勸他不要馳馬玩樂,要愛惜生命,上馬殺賊,張節度使雖知小叔的話有益,仍沉溺於擊毬之樂,並不因小叔的規勸而停止。於是,小叔又上書再度規勸,說久坐馬背奔騰,必然危害身體,

*唐代盛行馳馬擊毬運動,各州府多有毬場設置,擊毬運動原是軍事演練之一,但張建封非常喜歡,竟以此為樂。

希望他深思熟慮，保養壽命。但張建封對小叔的善意勸告，還是沒有接受，讓小叔既憤怒又沮喪。」

「那怎麼辦？」娘急著說：「少爺，你快寫封信勸勸退之少爺，叫他能忍則忍，別意氣用事。都已經是結婚生子的成年人了，不能像小時候一般固執任性。」

「你別急，少爺是聰明人，他自有主張。」爹按住娘的肩膀，要她鎮定一點兒。

「李媽，你別擔心，小叔只是發洩一下心情而已。他信中還提到別的消息。」

「什麼消息？請少爺快告訴我們吧！」娘的臉色緩和了些。

「張建封派小叔專程到長安賀年＊，他得到機會和柳子厚大

 放大鏡

＊唐代各地節度使每年按例派專使到朝廷賀年，時稱為朝正。

人深談，兩人議論古今文章，更加深他推行古文運動的決心。他和柳大人雖主張排斥駢文，維護道統，站在同一陣線上，但二人的思想仍有些許不同，小叔宗奉儒家，認為佛老思想是荒誕不經的邪道。而柳子厚大人尊崇儒家，同時也接受佛家的思想，他認為求道是雙重的，不但可在經史中求聖人之道，同時也可以在佛學經典中求得禪道。兩人為了各自的理念，難免有些爭執。」

「呵！少爺太有學問了，我聽不大懂哩！」娘愉快的說，「不過，知道退之少爺有繼續求上進就好。人只要上進，老天就會賞碗飯吃。」

娘笑瞇瞇的拉著爹到後院劈柴去了。

一直站在旁邊的張員外，這時才出聲：「韓節度推官其實過得並不快樂。」

「員外怎知？」老成少爺非常詫異。

「夫人私下向我抱怨，自從韓節度推官從長安回到徐州，就常感到環境給他的羈束太多，再加上長官的欺辱，讓他經常連日不語，一有空就自己騎馬出城，總是酩酊大醉才回來。夫人希望我以同鄉的身分勸韓節度推官，但看他那不快樂的模樣，我實在說不出勸告的話來。」

「如此看來，以小叔的個性，可能在徐州待不久了。」老成少爺憂心的說。

過了一些日子，從徐州返回的鄉親傳來一個壞消息，由於退之少爺對張建封的不滿情緒，讓他處事消極。張建封最後不能容忍，免除了退之少爺的職位，結束了退之少爺在藩鎮的發展。

退之少爺一家人到洛陽，準備吏部銓選。

15 通過吏部銓選

　　貞元十七年（801年），長安城傳來天大的好消息，退之少爺通過吏部銓選＊，被任命為國子監四門博士＊。

　　韓家上上下下都聚在老成少爺的房中，共同分享著這個天大的好消息。

　　「我就知道小叔有一天會出人頭地。」病中的老成少爺捧著退之少爺的信，神采飛揚，病彷彿好了一大半:「真替小叔高興，從此他就可以展開夢想中的學術及

放大鏡

　　＊此次與科舉考試不同，是以身（身體容貌魁梧堂皇）、言（言詞流利）、書（楷書優美）、判（判案文字的文理優良）、德（德行）、才（才華）、勞（做事成績）七個項目來衡量人才的。書、判用筆試，其他當面觀察或口試。

　　＊唐代國子監按照學生身分分為六個部門，即國子、太學、四門、律學、書學、算學。四門設博士三人，官階正七品，負責教授文武官七品以上的子弟五百人，以及庶人俊士八百人。每月有俸錢二萬五千（二十五貫文），每歲另有祿米。

政治事業了。」

「叔公信中寫了些什麼？爹念給我們大家聽嘛！」六歲的小少爺央求著他爹。

「好，爹挑一段念給你聽，你要仔細聽喔！叔公的文章可是天下無雙！」老成少爺快速的瀏覽手中的信箋，找到了一段，便大聲朗讀：

「我四五月間被免職，便舉家到洛陽。原本想就此退隱山林，但又想，自己二十餘年來的苦讀，若沒有出來服務人群社會，豈不是愧對大哥自幼的教誨？思考再三之後，決定到長安參加十一月的吏部銓選，因為曾有六次應考失敗的經驗，所以這次我並不緊張，以平常心應考，也許正因此才稍能適應主考官選才標準，一舉成功。我此番的成功，正應驗了那句名言:『成功是屬於堅持到底的人。』希望我的例

子能給家中晚輩一個模範。十二郎日後也可以以此教誨兒女……」老成少爺念到此，已經喘得出不了聲音。

「叔公能力好強呀！」小少爺沒有注意到自己父親的病體，仍仰著頭望向老成少爺，等著聽下文。

「你爹累了，讓他休息，我們出去玩，等會兒蘭伯再念給你聽，好嗎？」我彎腰抱起矮冬瓜似的小少爺，一起走出房門。

走到院子，小少爺問：「蘭伯，你們大人今天都很高興，對不對？」

「是呀！你叔公考試考了十幾年，這回終於不負眾望，成為朝中的大官了，蘭伯真的好高興呀！」回答著小少爺的話時，我不禁從胸腹的深處吐出一口大大的氣來。

這些年，一些親戚生活過不

下去，都來投靠，老成少爺成婚後，孩子一個個生下來，原先那點祖產每遇家裡有急用，便一點點變賣，至今所剩無幾，再加上老成少爺的身子一直染病，郎中進進出出，也花去不少銀兩，家裡已經是挖東牆補西牆的窘急狀況，帳簿上全是賒欠的紀錄。承蒙少爺的信賴，要我管帳，可是巧婦難為無米之炊，總是急得我毫無辦法。如今，退之少爺終於入朝為官，實現了他自幼的抱負，也讓困窘多年的韓家，有了可靠的經濟來源。

　　不僅我興奮，韓家上上下下有哪一個人不興奮呢？

16 老成驟逝

退之少爺在長安闖蕩一晃眼過了幾年，似乎有了不錯的成績，常常傳回令人振奮的消息。

他和柳子厚二人，成了志同道合的復古運動盟友，在京師引起不小的風潮。

據說前次的禮部進士考試，由中書舍人權德輿主考，祠部員外郎陸參輔佐評選，退之少爺以四門博士身分寫信給陸大人，推薦十個年輕才俊。結果，其中辱遲汾、沈祀、侯喜、李翊四人都在這一年考上進士，其餘六人也在後幾年中陸續登第。

長安城有志科舉的學子多投靠於退之少爺門下，接受他的指導，並自稱韓門弟子。

少爺辛苦多年，終於開花結果，成為長安城聞名的學者與大

官，令我這個從小和他一起長大的僕人感到與有榮焉。退之少爺因公務繁重，已經許久沒有回鄉來了，雖然他屢次寫信來請老成少爺到長安相聚，但老成少爺的身體愈來愈虛弱，加上腿疾，經年臥病在床，根本就無法遠行。老成少爺也是一心盼望自己身體強健起來，能再出門去探望退之少爺。

然而，如此平凡的心願，竟然也無法達成。

老成少爺的病弱之軀，因感染風寒而驟然離世，這消息是我親自到長安城通知退之少爺的。

退之少爺一聽到老成少爺的惡耗，當場昏厥。過了七天，退之少爺稍微恢復體力之後，才能夠懷著悲痛，前往祭悼老成少爺。

臨時搭成的廳堂一片肅穆，壇上鮮花素果，兩旁的燭火飄

搖。退之少爺一步一步走向祭壇。

「十二郎啊！」退之少爺一踏上祭壇，便忍不住落淚：「你生病為什麼不告訴小叔？你是怕小叔擔憂嗎？還是……」

退之少爺涕淚俱下，聲音哽咽的說著：「小叔聽到你的死訊強忍著哀傷，備辦水果，來表達自己內心的誠意，祭禱你的亡靈……我十九歲那年，才來到京城。從此之後，兩人聚少離多。我一直盼望著事業有成以後，再接你來同住。唉！誰想得到你竟忽然離世呢！我一直認為咱們都還年輕，雖然暫時相別，以後終能長久住在一起，如果早知道會這樣的話，就算是讓我當上公卿宰相，我也不忍片刻離開你的。

「我年紀還不到四十歲，可是視力已經有點模糊，頭髮也漸漸變成灰白，牙齒也動搖了。想

到父親和諸位叔父及哥哥們，都是身體健康卻英年早逝，像我這樣衰弱的體質，豈能長久存活？……我的體力一天比一天衰弱，精神一天比一天萎靡，可能不久也會跟著你死去吧！如果死後還能有知覺的話，那麼我們分離不了多久……唉！話有說完的時候，而情意卻沒有盡頭。唉！真是悲傷啊！十二郎，希望你來享用這些祭品吧！」

　　退之少爺語罷，整個人趴倒在桌前，周遭一片愁雲慘霧，旁觀者人人拭淚，這樣的叔姪情誼，世上哪能再見？

17 陽城風波

　　辦完老成少爺的後事，我們一大家子，終於來到長安城，和退之少爺重聚了。生活的磨難，讓退之少爺兩鬢飛霜，老態畢露，不知不覺間，我們這些僕人自然改稱他「老爺」了。

　　如今的老爺，學問受到肯定，一些準備參加科舉考試的讀書人，往往找遍方法，攀親帶故想要投在老爺門下，好一舉成名天下知。老爺深知無人提攜之苦，所以對於有志於學的後輩，總是來者不拒。但是，有兩種學生他不收，一是只隨俗寫駢文的學生不收，二是滿口佛道學說的學生不收。

　　老爺每日下班回來，總是不厭其煩的和門生們討論文章，樂此不疲。總要忙到三更半夜，夫

人催了又催，才熄燈睡覺。

　　然而這兩日，老爺卻經常獨自端坐書桌前發呆，有時還嘆起氣來，真不知是怎麼一回事。

　　「阿蘭，你可知老爺有何心事？」夫人滿臉憂戚的問我：「看他好像遇到了什麼難題。問他，他也不說，真是急死人了！」

　　我搖頭說不知。

　　「他昨天上班前心情還挺好的，晚上回來就不說話了。是不是發生了什麼事？」

　　我再度搖頭。

　　「昨天下班回家路上，老爺有沒有對你說些什麼？」

　　「昨天……」我的腦海裡開始出現昨日下班的景象。老爺的確比平日晚了些時間出宮，上了馬車之後，他一直閉目養神，直到回到家門口，老爺才睜開眼睛，問我是否記得十九歲進京趕考時，路過中條山所作的詩。

「〈條山蒼〉？是那首讚頌陽城的詩嗎？」夫人聽了我的描述，開口問我。

我點頭，接著說：「老爺考上進士後，還針對諫議大夫陽城寫了一篇〈諍臣論〉，我記得好像是在說，諫官應積極諷諫君主，而不能獨善其身，因循敷衍的過日子。」

「怎麼都是有關陽城的詩文？」夫人皺起雙眉，又問：「老爺還有沒有說什麼？」

我再回想，想到了。「老爺下了車，望著咱們家的大門，說了一句話。他說：『這一百多張嘴巴，全得靠我一份薪俸。』」

「這兩件事有何相干？」

我還是搖頭。

夫人滿腹疑問的回房了。

隔了幾日，我在長安街市聽到消息，諫議大夫陽城向皇上揭穿宰相裴延齡貪汙，陽城被貶為

國子監司業＊。沒想到陽城一到國子監，卻受到太學生的熱烈歡迎，因此又被貶為道州刺史，消息傳出，太學生數百人集體向皇帝請求留下陽城。據說柳子厚大人也向皇帝上書，支持太學生們的請求。

　　我在等老爺下班時，遇到柳大人的家僕老張，他也在等著接他們家老爺。

　　老張見了我就問：「聽說你們家老爺剛考上進士時，看不慣諫議大夫陽城未盡職守，寫了一篇〈諍臣論〉激勵他，為何這次陽城得罪權貴而被貶官，你們家老爺反而漠然，沒有援助他的表示？」

　　這個問題既尷尬又敏感，我

根本無法回答。

「莫不是你們家老爺換了一個位子，就換了一個腦袋？」老張譏諷我。

正當我無地自容時，一群官員下班了。老爺上了車，閉目養神，似乎身心俱疲。

駕著馬車，我在想該如何開口向老爺詢問老張的問題，想問，又不敢。我這村夫只會做粗工，哪能懂得讀書人的複雜心思呢？

但是，如果不弄個明白，改日再見到老張，他若再問我相同問題，我該如何應付？

回到家門口，我再也忍不住了，於是開口問老爺：「柳大人家的老張問，老爺你為什麼沒有為陽城大人說情？」

「他不是第一個問我這問題的人，恐怕也不是最後一個。」老爺苦笑著說：「柳大人有『王韋集

團」＊為他撐腰，當然敢直言。如果他像我，有沉重的家庭負擔，明知宦官當道＊，多言無益，哪敢捋虎鬚＊呢？」

「老張還問，老爺你是不是換了一個位子，就換了一個腦袋？」

老爺錯愕了一下，隨即笑了。

「下回你遇到他，就說他猜對了。『不在其位，不謀其政』，我現在的職責，就是把太學生教好，推行古文，提振人心，革除多年來駢文的遺毒，如果有朝一日，我做了其他職位的官員，自然也會拼著老命去把自己該做的事做好。」

放大鏡　＊「王韋集團」指的是翰林待詔王叔文、翰林學士韋執誼所組成的政治革新小團體，韓愈並不認同柳宗元依附其下。
＊安史之亂後，宦官開始掌握軍權和財權，皇帝形同傀儡，宰相、大臣成為宦官的附庸，宦官是國家真正的統治者。
＊**捋虎鬚**　比喻觸犯惡人，十分冒險的意思。

　　老爺說完邁入大門，留下一
頭霧水的我。

18 宦海浮沉

老爺雖然不願因為替陽城說情而惹禍，但他擇善固執，有話直說的個性，還是在不知不覺間得罪了朝中權貴，莫名其妙被罷了四門博士的職位。

老爺被罷官之後，家中往來的門生、朋友驟然減少，一大家子的生活也立刻陷入困境。更慘的是，許多原本每月底才來收米錢、油錢、火燭錢的鋪子，才到月中就急急來催收帳款，彷彿怕我們會連夜躲債逃跑了似的。

「老爺，帳房來報，家中已無銀兩。」我不得不去敲老爺的書房。

正在振筆疾書的老爺，提著蘸滿墨汁的筆，愁容滿面的交代：「你去告訴那些生意人，就說我很快就會復職，領了薪津，自

然連本帶利奉還。」

老爺說完，不待我回話，又低頭寫字。這已經不是第一回了，每當生活迫人的時候，老爺便四處寫信，懇請權貴推薦個一官半職，以解決眼前的困境。

不必老爺交代，我自動等候在書房外，等著老爺交代任務。這回的信，不知老爺是要寫給哪個有力的權貴人士？

過了一個時辰，老爺果然在書房內喚我。

「老爺，有事吩咐嗎？」我連走帶跑進了書房。

「你把這封信送到京兆尹※李實大人府上。」

「李大人會幫忙咱們嗎？」我懷疑的問。

「李實大人是高祖第十六子道王的玄孫，也是當今聖上的同

※首都市長，類同於今日的臺北市長。

宗族人，而且深受聖上的寵信，握有推薦官員的大權。」老爺苦笑：「我若無有力人士的幫忙，恐怕沒有機會再爬起來，姑且一試吧！」

我懷著忐忑的心情，帶著老爺的信來到李大人的府前。守門人見我只拿了一封信，懷疑的看著我空蕩蕩的兩手，問：「你們家主人只託你帶信給我們大人嗎？難道沒有別的東西了嗎？」

「就這一封信。」我難堪的把信交給守門人，便轉身走，深怕對方再問，我一不小心就會洩漏家中已無現金準備伴手禮的困境。

我把信送出之後，在家等幾日，完全沒有半點消息。我很急，想去李大人家打聽，但老爺阻止了我。

「別去了。」老爺頹喪的說：「我早有所聞，李實的心思都在

搜括民間財物，以進奉宮內的官官，哪有時間理會我們這些有求於他的人呢？」

「也許是李大人一忙，忘了回老爺的信。」我仍存著一絲希望。

「我以前遇到看不慣的人事物，都會寫一些文章來批評。這回寫給李實的信，一心求官解窮，明知有許多和事實相反的事跡，仍掩起良心矛盾的寫了言過其實的讚美話，他一定是作賊心虛，認為我是在諷刺他，所以不回我信。」老爺嘆了一口氣:「你就別去自取其辱了。我再另外寫信給別人吧！」

少爺說完，坐下來提筆又寫。我真佩服老爺，他只要一筆在手，文章就好像瀑布一樣，源源不絕。過了一個時辰，老爺又交給我一疊沉甸甸的信。

信送出，仍是無回音。

老爺再寫，我再送。

老爺不斷寫，我不斷送。

在送出無數封的信之後，老爺終於找對了門路，重任四門博士，也解除了家裡的經濟危機。

不久，老爺和柳大人、劉禹錫大人等經由御史中丞＊李汶的舉薦，被擢任為監察御史。老爺非常看重自己的新官職，認為這個官位就是要查訪民情、彈劾官吏、勸諫皇帝，所以，老爺自從到任監察御史之後，每天寫奏書到半夜，把他看到的不公不義的制度和不稱職的官吏，一一稟報皇上。夫人勸老爺不要樹敵太多，但老爺卻義正辭嚴的表示：

「如果怕得罪人，就不要當監察御史。」

老爺天性率真，遇到不平之事，立刻忘記夫人的叮嚀，直言

 放大鏡 　＊御史中丞　御史臺的首長。

129

上書的結果，不但觸怒了當權的大官，據說，就連皇帝及他周遭的宦官們也都不怎麼喜歡老爺。

這天，老爺回家後便沉著臉，吃過飯就把自己關在書房寫奏書，直到就寢前才步出書房，對夫人說：「我寫了一篇〈御史臺上論天旱人饑狀〉，明天要上奏皇上，揭穿京兆尹李實欺瞞聖上的謊言，及壓榨百姓的行徑。」

「我們全家一百多口人要吃飯，還請老爺三思而後行。」夫人提醒老爺。

「再讓貪官欺瞞下去，天下人都要沒飯吃了，即使我們自家人有飯吃，又豈吃得下去？」

「老爺，你別忘了，李實大人和皇上可是同宗呢！」

「同宗就可以互相包庇嗎？」

「可是……」夫人欲言又止，最終還是鼓足了勇氣說出來：「當初你為了一家人的溫飽，

寧可受人質疑，也沒有為陽城說一句求情的話，而今……」

「這是完全不同的兩件事。陽城已經上諫才被貶，那是聖上不明理。而今，聖上被李實蒙蔽，受苦的是天下蒼生，我們這些知情者怎可袖手旁觀？更何況我今日的職責就是專門揭發那些貪官。知情不報，要我這官有何用？」

夫人被老爺說得答不出話來。

老爺隔天便向德宗上奏：「今年京兆一帶大旱，收成銳減。李實卻謊奏今歲雖旱，而民間收成仍好，藉以繼續徵收賦稅，以致民不聊生。請求聖上停止徵收賦稅，等待明年蠶麥收穫，再來補徵收。」

德宗並沒有馬上處理這件事。

「聖上一定會處理的。」老爺

信心滿滿。

又過了兩日，德宗突然當著文武百官宣布：「監察御史韓愈公報私仇，誣告李實，即日貶為陽山令。」

德宗宣布這件人事消息時，手上拿著一張似曾相識的信箋，那信箋便是老爺曾經寫給李實大人的求官信。

「這一定是李實為了替自己辯解，向皇帝進讒言。」老爺忿忿不平，卻百口莫辯，只得南行。

不久，德宗去世，太子正式登基，成為順宗，並大赦天下。

老爺終於可以離開陽山了，但他想起整個社會瀰漫佛、道＊思想，致使儒家的「仁義」思想日漸式微，不禁又憂心忡忡。在等待移官令＊的那三個月，他足不出戶，專心寫作，把積壓在心中許久的思緒，凝聚成氣勢磅礴的文字，一口氣寫了〈原道〉、

〈原人〉、〈原毀〉、〈原性〉以及〈原鬼〉五篇文章。

老爺寫了這些文章後，心情大好，準備回京後，和柳大人及一些古文同好們分享作品。遺憾的是，不久便傳來柳大人因「王韋集團」失勢，在政爭之後被貶為永州司馬＊，而與柳大人私交甚篤的劉禹錫大人也被貶為朗州司馬。當劉、柳二人到達江陵時，老爺趕去和他們二人會面，數年不見，大家都已滿臉滄桑，談起往日種種，不勝唏噓。

重逢回來那夜，老爺徹夜難眠，寫了〈永貞行〉一詩，對於官場的境遇頗感無奈，對劉、柳兩位老友被貶則寄予了無限的同

放大鏡
＊道家始祖老子本姓李，唐朝皇室也姓李，所以唐朝自開國以來，均極推崇道家思想。
＊移官令　公職人員調職的正式公文。
＊司馬　州郡太守的屬官，負責軍政、軍賦。

情。

八月，順宗被弒，太子繼立為憲宗＊，改元永貞，老爺任江陵法曹參軍＊。

雖然老爺離開了陽山，但他政績斐然，地方百姓口碑載道，陽山子弟多取名慕韓、念韓等，以示對他的懷念。這可是當初老爺被貶時所沒有想到的收穫。

放大鏡

＊順宗、憲宗都被宦官所弒。
＊掌刑獄。

19 回京重任
國子監博士

　　聖旨突來，召老爺回京，重任國子監博士。

　　六月，陽光和煦，萬里無雲，馬蹄聲達達作響，輕快的節奏，就如老爺此時的心情。

　　馬車才來到長安城外，就看到一群人站在樹下，引頸企盼。

　　「是張大人、孟大人他們！」我看到等候在樹下的都是老爺昔日的學生，便迅速把車停下。

　　「阿蘭！」老爺在車裡問，「為何突然停車？」

　　「老爺，是張大人、孟大人，他們等在路旁。」

　　「啊？」老爺掀開車簾，比我還驚訝。

　　「恩師！」

　　「恩師，別來可好？」

　　一群人見我馬車停好，擠上

前來問候。

「孟郊、張籍、張徹、侯喜、李翱，你們怎麼知道我今天回來?」老爺的精神全來了。

「我們聽說聖上召恩師回京，每日派人去路上打聽，昨日家僕回報，恩師歇在城外三十里的旅店，所以，我們推測恩師今天應該會進城，一大早就來此等候。」張籍舉起酒杯向老爺敬酒：「我們要恭喜恩師回京榮任國子監博士，從此大展鴻圖!」

「在此朝廷、民間迷信佛老邪道的時刻，未必能大展鴻圖，不過，能夠和大家重聚，一起遊賞風光，寫些詩文，倒是有趣。」

老爺說完，仰頭一飲而盡。

「一定!一定!我們從此可以盡興的談文論詩了。」孟郊說完，也把酒飲盡。老爺的學生們雖然一個個都是官人，但在老爺面前，卻笑逐顏開，像個孩子似

137

的。

「可惜子厚被貶出京，志同道合者又少一人了。」老爺酒罷，有感而發。

「恩師不要為柳大人傷神了。」張籍安慰說：「吉人自有天相，改日時來運轉，柳大人回京，大家還是有機會聚在一起。」

「是呀！恩師，龍顏難測，仕途福禍難料，咱們還是珍惜眼前相聚時光，多作些學問文章才是。」李翱說。

老爺聽了頻頻點頭，「各位如此積極進取，為師的頗感安慰。」

20 斥佛崇儒

　　一直以來，皇朝都掌握在宦官手裡，老爺雖然憂心，卻未與宦官正式衝突。然而，老爺四十二歲那年（809 年），改任都官員外郎＊兼判祠部＊，從此不得不面對宦官的問題。

　　所有佛寺、道觀都隸屬於左右功德使掌管，而功德使由宦官充任，他們胡作非為，破壞風俗，無人敢過問。老爺就任祠部員外郎後，將東都洛陽的寺觀管理權收歸祠部，並整肅紀律，看到眾多品質良莠不齊的僧尼沿門托缽，不耕不織，消耗國家人民財力，便誅殺一些不良的僧尼道士。宦官不時用惡劣言辭向東都

＊掌刑法政令。

＊管祠廟祭祀及道觀佛寺，階從六品上。

留守＊鄭餘慶控告，鄭大人對老爺的作法不但不表贊同，還指責老爺，使老爺灰心到了極點。

「我三度為鄭餘慶僚屬＊，關係不可謂不密切，但他卻不能了解我的為人，也不相信我的能力，只是屈從於那些宦官的權勢，就輕率阻止我行事，這樣的長官，叫我如何推行工作？」

不久，老爺就調為河南縣令。雖然被貶為地方官，但老爺憂國憂民的心思卻無一日停止。

「宦官專權，藩鎮叛亂，使君權搖搖欲墜，朝政日壞，這一切都要從根本救起。」老爺認為有主張有見解的讀書人，怎能對亂世袖手旁觀，不力挽狂瀾呢？

放大鏡
＊洛陽最高的軍政長官。
＊元和元年九月鄭為國子祭酒，韓為國子博士；十一月，鄭為河南尹，次年夏韓為國子博士分司東都；五年，鄭為東都留守，韓任都官兼判祠部。

　　老爺不斷的寫信給他的朋友與昔日門生，在政治上提出先王之教，在哲學上強調儒家的仁義道德理論，在文學上竭力倡導古文運動，希望革除虛華吹捧的空洞駢文。

　　老爺不僅只是照顧著韓家一百多口人的生活，他更關心整個國家的民生與文學風氣。同時，嚴禁各藩鎮在東都設置留邸＊，以防叛亂分子在洛陽活動，這個措施深獲憲宗皇帝肯定，他曾告訴許多大臣說：「韓愈助我。」

　　但是，宦官掌權，連皇帝都敢殺了，還有什麼事他們不敢做？縱使憲宗賞識老爺，老爺卻因得罪了藩鎮及宦官，再度丟官。

　　老爺和佛教界的衝突愈來愈嚴重，且又賦閒在家，滿腹理想

＊如今日各省駐京辦事處。

無從展現，心情大壞。這時，他讀到好友柳大人來信，表明並不排斥佛教，且常和出家人一起出遊作詩，老爺便寫信給柳大人，嚴屬指責柳大人不應與和尚同遊，更不應對外發表讚美佛教神像的言論。

但柳大人回信反駁說，老爺反佛只是針對佛教已變質之外表，對於佛的中心思想毫無認識，就好像把美玉當作凡石看一樣。

柳大人又說，本朝詩文名家如岑參、李白、李華……等人，早年都曾在山林寺廟中讀書寫作，文人學士以及達官貴人也都喜歡與寺院中僧人打交道，這是一種最盛行的風尚，而且寺院中大多藏書豐富，更有一流學識淵博的人才，他們除深研佛法外，還博覽經書詩詞，他們歡迎學子，也常協助學子。

「與佛門中人交遊，有何不妥？」柳大人如此反問老爺。

老爺讀了柳大人的信，對於柳大人不能贊同自己反佛反道的思想，耿耿於懷。「我與子厚的情誼，難道不及他與那些僧尼的交往？」

老爺的才華名氣，讓皇帝總是無法忽略他的存在，四十四歲那年，老爺再度入朝為官，但也因他總是直言諷事，得罪高層大官，又屢被貶官。

四十五歲那年，老爺再度降為國子監博士，而同年中進士的李絳，已為宰相。老爺想到年輕時，大家每日相聚切磋學問，如今李絳已貴為宰相，而自己卻未獲重視，長久屈身於國子監內，為宣洩胸中怨氣，寫下〈進學解〉一文，雖然表面上是自責，其實是自傲才能與品德，但也將自己愚昧不通人情世故的缺點揭

出，並推論是因此而官運不順。

也許是李絳大人讀到老爺的〈進學解〉，大受感動，隔年老爺便升官，經濟狀況大為改善。

老爺顯達後，名滿京城，前來索求文章的人日多，除官俸外，還有豐富的謝禮。但不久之後，老爺卻又因撰《順宗*實錄》得罪宦官及權貴，再被貶官。

「你那固執高傲的習性不改，我們一家人永遠都要跟著你擔心受怕。」夫人總是這樣叮嚀著老爺。

但老爺似乎總也聽不進夫人的勸告。

放大鏡　＊順宗僅在位數月，進行革新，決定加強中央集權，計畫從宦官手中奪回禁軍兵權，用人唯賢，停徵苛稅……，最後被宦官害死。

21 平定淮西藩鎮之亂

　　貞元二年（786 年），淮西節度使李希烈被他的部將陳仙奇所殺害，朝廷無力討伐，就以陳仙奇繼任節度使，不久，陳仙奇又被他的部屬吳少誠所害，朝廷不得不讓吳少誠繼位。吳少誠獨霸淮西二十多年，於元和四年去世，大將吳少陽自立為留侯（未獲朝廷任命的節度使），當時朝廷宦官專權，君權搖搖欲墜，無力再管轄藩鎮事務，不得已只好授他為節度使。

　　元和九年閏八月吳少陽死，他的兒子吳元濟並未通知朝廷，並發兵四處擄掠。十月，憲宗皇帝下詔命討伐吳元濟。次年正月吳元濟縱兵侵掠東都洛陽附近，情勢危急，憲宗又下詔命討伐，但多達十萬人的軍隊竟然無法殲

滅吳元濟的軍隊。

不久，御史中丞裴度前往淮西視察用兵形勢，回朝奏報，認為征淮西應可取勝。朝廷內主戰、主和兩派吵嚷不休。憲宗態度堅定，積極籌畫用兵。

元和十一年秋，憲宗任命裴度為淮西宣慰招討處置使*，他一上任就奏請免除各鎮軍中的監軍使*，並聘任老爺為行軍司馬*。

我們日夜趕路，日行百里，到淮西之後，老爺發現，現任淮西諸軍都統韓弘有私心，打算趁著吳元濟的造反，自壯聲勢。於是，老爺冒險親往汴州，勸韓弘出兵協同裴度大人討伐淮西，韓

放大鏡

*相當於現在的總司令。
*玄宗時代即設，由宦官充任，專權自負，作戰進退不由主將。勝則居功獻捷，敗則百端折辱將帥。撤免後，主將才能專責指揮軍隊。
*總理軍政，平時負責軍隊操練，戰時擬定攻守戰法，並主管軍器、糧秣、軍籍、賞賜等事項，職責非常繁重。

　　弘被老爺說動，便派他的兒子韓公武率兵一萬二千人前往淮西，裴度大人率領六路大軍包圍蔡州。十月，在裴度大人的指揮之下，四面包圍淮西（申、光、蔡三州），命大將李愬帶數千兵馬，趁著大風雪，奔馳一百二十里，夜半抵蔡州，攻入城門，擒住吳元濟和他的部屬。擾攘多年的淮西叛亂終於平定。

　　解決了多年的心腹大患，憲宗龍心大悅，論功行賞，裴度拜相，老爺升任刑部侍郎*。同時，並立碑紀念。

　　「愛卿協助平定淮西，又是文壇盟主，撰文記功，自是最適當人選。」憲宗如此一捧，老爺自是歡天喜地著手寫碑。

　　經過二個多月的構思，老爺終於在三月寫成〈平淮西碑〉。

放大鏡

　　＊四品官，掌刑法政令。

上呈朝廷之前，老爺特地在家中花園擺宴請志同道合的朋友，及一同平定淮西的戰友遊春賞花，並朗誦這篇碑文。

吟畢，大家不約而同拍手叫好。

老爺意氣風發的說：「我這篇碑文，是模仿《尚書》、《詩經》句法寫作，還請大家多多指教。」

老爺一說完，大家爭先恐後搶著讚美。

「韓大人文中雖然沒有華麗的辭彙，但樸實敦厚，必然膾炙人口。」裴度大人讚美說。

「韓大人這篇碑文可說是深入人心，像天地元氣無往而不在。」韓弘大人亦讚不絕口。

大家對老爺的碑文可說是推崇備至。在七嘴八舌的讚美聲中，老爺與賓客們連飲數盅美酒，醉意醺然之時，並未注意到

座中一位嘉賓的臉色鐵僵。那個人就是大風雪中帶兵攻入蔡州的李愬。

過了數日，碑文刻好，韓弘大人因老爺在碑文中略提到他的事跡，心中大快，派家僕送來絹布五百疋，作為謝禮。老爺正在興頭上，突然傳來消息，聖旨命令磨去老爺所寫的碑文，命翰林學士段文昌重撰刻石。

「怎會這樣？」大家都一頭霧水。老爺尤其感到錯愕，臉上無光，立刻派人進宮去打探消息。

原來，老爺認為淮西的平定，主要是由於裴度大人能順著憲宗的心意，並臨陣督戰，運籌帷幄，論功自然應以裴度大人居首，所以碑文詳敘裴度大人的事跡，而入蔡州俘獲元凶的李愬戰功卻寫得不多。李愬不平，他的妻子是皇室公主的女兒，出入宮中，直接向憲宗控訴碑文不實。

　　河北、山東的藩鎮擾亂還沒平定，仍須借重武將之力，憲宗不願得罪李愬，便下詔重寫，並加重對他戰功的描述。

　　新的碑文一刻出來，讀過的人紛紛搖頭：「段大人撰寫的碑文，文句駢偶，典故繁多，簡直就是在賣弄文字，讀來辛苦，遠不如韓大人的文章感動人心。」眾人的評語，總算幫老爺出了一口悶氣。

22 論佛骨表

　　這一陣子，整個長安城都沸騰了。

　　老爺每日下班回家，都坐立難安。

　　「人人迷信，不求長進。我們的國家社會還有什麼希望呢？」老爺總是唉聲嘆氣個不停，這一切都因法門寺的佛骨。

　　法門寺有座真身塔，塔中藏有一節釋迦牟尼的指骨。傳說這節佛骨非常吉祥，只要迎奉佛骨供養，必定風調雨順，年豐民安。真身塔每三十年開放一次，自德宗貞元六年開放供養，到今年的元和十四年，恰好已滿三十年，所以今年正月憲宗派遣專使帶著三十名宮人前往法門寺迎奉佛骨。打算先在宮內供奉三天，然後再送往長安各寺傳遞供養。

皇帝如此虔誠信奉佛指，王公大臣隨聲附和，個個焚香膜拜，一般老百姓豈敢不學習？於是長安城中男女老少個個拋下工作，前往寺廟頂禮膜拜。有錢的人慷慨解囊，一擲千金也不皺一下眉頭，年輕人信佛至誠，落髮剃度，出家念經。從早到晚，從市中心到市郊，人人互相仿效，唯恐落後，失去佛的歡心。

老爺擔任刑部侍郎，目睹這種情況，感到非常憂心，認為如不立刻禁止，讓佛骨再傳遞各寺，搞不好會有人瘋狂到斷臂割肉，以為如此便能得到佛的歡喜。

「民間迷信佛教到足以傷風敗俗的地步，真是失去理性了。必須及時糾正才行。」老爺不時思索著該如何著手改變眼前的信佛局勢。

夫人聽到老爺的話，倍覺心

驚，像往日一般勸著老爺:「迎佛骨是聖上決定的事，老百姓不過是跟著聖上的腳步。你如果要『反佛』，必定會觸怒龍顏，又何苦惹禍上身?」

老爺的一干好友也跟著勸說。

「韓大人，你就睜一隻眼閉一隻眼，等佛指熱潮一過，大家就恢復往日的生活了。」

「三十年前，長安城不也是掀起『佛指熱』嗎?後來不也沒事了?」

「韓大人，你幾次貶官還得不到教訓嗎?當今聖上翻臉比翻書快，還是別拿自己前途開玩笑了。」

儘管大家說得頭頭是道，老爺仍篤定要插手這件事。他說:「大唐國運早已不能和三十年前相比，如今朝廷內有宦官之禍，外有藩鎮之患，如果國君和老百

姓一心只在佛教的迷夢中求來世，恐怕來世的福報還沒修得，今世就招來亡國之禍了。」

不顧一切的勸阻，老爺花了數個夜晚，寫了一篇〈論佛骨表〉，上奏憲宗。

〈論佛骨表〉出自老爺滿腔的義憤，文字慷慨激昂：「自佛法進入中國，信奉佛法的帝王，國家相繼動亂衰亡，個個成為亡國之君……應將佛骨交給主管官吏，丟到大火裡燒光，再把骨灰倒在河裡流走，如此才能斷絕天下人與後代子孫的迷信。同時也能使天下人知道，皇帝所作所為超出一般人的見識萬萬倍。如果佛骨真的有靈，會帶來災禍，一切災殃，就由我來承擔吧！」

據在朝的大官們轉述，憲宗皇帝看了老爺的奏章，立刻抓狂，把奏摺甩到地上，大罵：「大膽狂妄的韓愈，竟然敢詛咒朕為

亡國之君，該當何罪？」

「啟稟聖上，臣絕無詛咒聖上之意，只是擔憂舉國上下如此沉迷佛法，並非國家社會之福，反而會帶來災難。」老爺義正辭嚴的回答。

憲宗看到老爺全無半點畏懼的樣貌，心中怒火更熾。

「氣死朕了！朕就是為了造福，才會迎佛指供奉。」憲宗橫眉豎目，脫口而出：「留下你這大不敬的傢伙，才會亡國。來呀！拖下去斬了！」

滿朝文武百官全震懾住了，老爺也嚇得當場下跪，全身顫慄。最震驚的人，是坐在龍椅上的憲宗，他沒想到自己在盛怒之下竟然失去理智，隨口就把當今文壇上舉足輕重的大臣給賜死。

哎！君無戲言，這可怎麼好呢？憲宗眼底的懊悔，讓宰相裴度察覺了。他抓緊這稍縱即逝的

機會，冒死求情:「啟稟聖上，韓大人有口無心，絕無詛咒聖上之意，他只是擔憂過度，請聖上念在他一片忠誠的分上，原諒他的失言。」

「啟稟聖上，韓大人的出發點是為了朝廷社稷，雖然措詞不當，還請聖上開恩，否則，將來誰敢發忠言、做忠臣?」老爺的好友崔群大人也說。

憲宗的臉色漸漸緩和下來，老爺的一些朝中好友紛紛上前求情。

最後，憲宗宣布:「既然眾愛卿為韓愈求情，朕就賣大家一個面子。但韓愈死罪雖免，活罪難逃，即日貶為潮州刺史!」

一直跪在地上的老爺，此時才回神:「謝謝皇上開恩。」

23 南貶潮州

老爺即將遠行，全家籠罩在一片愁雲慘霧之中。

門口的馬車、行李都備妥了，送行的家人擠滿院落。老爺臨上車前，忍不住又往廂房走去。

病中的四小姐韓挐看到老爺進房來，掙扎著起身。

「爹，您這一走，恐怕咱們就此天人永別了。」四小姐在病榻上落淚。

「傻孩子，爹貶官多次，不都是沒幾年就安然回京嗎？咱們很快就會再見面的。妳才十二歲，來日方長，要按時吃藥，才會早日康復。」

老爺安慰著四小姐時，也別過身子，輕拭眼角。

「爹……」四小姐欲言又

止，最後只說出四個字，「您多珍重。」

老爺默默點頭，「妳也要保重。」

老爺一轉身出了房門，上了馬車，馬車伕一揚鞭吆喝，塵土揚起，我們便出發往南行去。

一路南行，老爺自覺前途茫茫，生死未卜，精神格外沮喪、痛苦。他吃得很少，夜裡也睡不好，原本身體便呈現老態，這一路折騰，顯得更加虛弱了。

不久，我們才聽說留在長安的家人也被憲宗以「罪犯的家屬不能留在京師」為理由，補下詔書遣逐到潮州。

長途跋涉，舟車勞頓，病中的四小姐韓挐未能得到適當的調養與休息，最後竟然病死在商縣層峰驛站，葬於驛南山下。

年輕生命的消逝，讓老爺分外自責。「若不是我一意孤行，

又怎會拖累了挈兒?」

在南遷的路途上,老爺滿心憂傷,只有兩件事讓他稍稍提起興致,提筆作記。

一件是元十八(名集虛,字克己)協律＊從桂林來,帶了柳子厚大人的問候信,及健身藥物致贈老爺,並和老爺相聚十天,方才分道揚鑣。

元大人和柳大人的深情友誼,在此患難中表露無遺,老爺大受感動,心情開朗許多,文思泉湧,便寫了六首詩〈贈別元十八協律〉,以回報柳大人和元十八的深厚情誼。窮途末路中的老爺,對於人生充滿悲觀的看法,柳大人和元大人的關心,讓他深銘在心,溫暖了他的內心;而珍貴的藥物,正好幫老爺抵禦南方的瘴氣,讓他的氣色轉好。

另一件,是行經秦嶺藍田關,風雪阻道,馬不肯前進,人

只得步行推馬，人馬疲累的時候，孫少爺韓湘＊特地趕來相會。老爺一時有感而發，寫下自己的心情寫照：＊

一篇〈論佛骨表〉在早晨送到皇帝面前，晚上我就被貶官到八千里外的潮陽。我既想替聖明之君除去那些弊政，哪裡會愛惜我自己這條老命？回頭望向秦嶺上的白雲，不知故鄉何在？大雪封鎖著藍田關，馬匹也無法前進。你從遙遠的故鄉趕來應有一番深意，大概是要在瘴氣瀰漫的江邊為我收屍吧！

放大鏡

＊官名，即協律郎，屬太常寺，掌校正樂律。

＊韓湘是韓老成的兒子，為韓愈姪孫，穆宗長慶三年登進士第，能詩善文。屏東內埔的昌黎祠內，右翼即奉韓湘。

＊就是〈左遷至藍關示姪孫湘〉一詩，原文為：一封朝奏九重天，夕貶潮陽路八千，欲為聖朝除弊事，肯將衰朽惜殘年。雲橫秦嶺家何在？雪擁藍關馬不前，知汝遠來應有意，好收吾骨瘴江邊。

　　老爺認為自己有生之年大概無法再回到長安，將葬身邊疆，其心情惡劣可知。

24 寂寞的潮州刺史

　　南方的春天，鶯飛草長，溫暖的空氣中，帶著濃濃的青草香味。

　　老爺雖然滿懷憂憤的到潮州上任，但南方植物旺盛的生命力，在鋪就了滿地翠綠色彩的同時，也喚醒了他內心沉睡已久的活力，他渴望和朋友同遊，希望和同好共同討論詩文，互相以孔孟之道勉勵。但是，地處偏遠的潮州境內，竟然找不到幾個可以談文論詩的朋友。

　　一日，老爺聽說潮州西邊五十里的靈山寺有一高僧，號大顛，俗姓陳，原名寶通，是禪宗南派宗師慧能的三傳弟子，道德高超，學問博深，言論不俗。老爺心中大喜，立刻前往拜見，可惜沒有遇到大顛和尚，只好留下

一封書信悵然而回。不知是否因為老爺在祠部員外郎任內誅殺了若干不法的僧尼，或是反對憲宗迎佛指，給大顛和尚留下不好的印象，大顛和尚並未給老爺任何回音。

　　寂寞的老爺又再次前往靈山寺，正巧住持又不在，老爺留下第二封信給大顛，說自己從京師來到潮州這個海角窮處，沒有可以共同論文談藝的對象，聽說大顛和尚學問高超，令他非常思慕，非常希望能獲得接見，或是能得到回音。

　　過了數日，府中來了一名僧人惠勻，他拿著大顛和尚的回信來拜會老爺。老爺和惠勻晤談之後，便寫了第三封信託惠勻帶回，信中提到和大顛通信討論道德文藝非常不盡興，即使讀信一百遍，也不如親身對談。老爺明確表達自己想與大顛面對面傾

談，可說已到了迫不及待的地步。

這封信果然打動大顛，他應邀進城與老爺聚會，兩人相談甚歡，之後，也常邀請老爺到禪院遊賞。老爺認為大顛聰明、識道理，而且頭腦清楚，不受事物外形所迷惑，是一個有大智慧的人。

自從和大顛和尚交遊往來，老爺孤寂的心靈才得到安慰。

但老爺反佛的心意並不因私人的交遊受到影響，這年七月，朝中大臣一起向憲宗呈上「聖文神武法天應道皇帝」尊號，憲宗龍心大悅，大赦天下，老爺也因此獲赦。十月，改移袁州刺史。老爺移官袁州時，曾留衣服給大顛作為紀念。這件事傳到長安，一些虔誠信佛的官員，以為老爺反佛的心念消轉，特地寫信給老爺。老爺為了避免世人誤會，便

回信否認信佛，說是傳言錯誤。留衣服作為臨別紀念乃是一般人之常情，並非崇信佛法，也不是用來祈求個人未來的福氣。

老爺在潮州任上，內心的寂寥與渴盼心靈之友，與他一貫的「排斥佛道，獨尊儒術」的理念，造成莫大的矛盾與煎熬。

25

潮州政績

　　老爺在潮州雖然只待了八個月，但是他對潮州人民的影響卻非常深遠。令潮州人感念的事跡有三：

　　他一到潮州便發覺當地人民無知，以致民風蔽塞。

　　「此地距離京師太遠，讀書識字的人太少，需要加強人民的教育。」

　　而潮州州學久廢，文風衰落，即使要教，也無從教起。於是，老爺提出部分俸祿作為興學資本，並親編教材，聘請秀才趙德＊來負責教育老百姓。

　　從此，潮州除蟲鳴鳥叫聲之外，開始有了琅琅讀書聲，潮州

放大鏡 ＊另有一說趙德為進士，屏東內埔的韓昌黎祠內，左翼即為趙德，可見他在當時潮州人心中的地位。

文風漸成。

除了提振文風之外，老爺還參考柳大人釋放奴婢的辦法，酌予改變，用「計算負債的人以前在債主家做工的工資來抵償債務，如果不夠，就給錢貼補」的方法，大量釋放因債抵押在富人家當奴僕的窮人子弟，讓窮人家也能團圓，共享天倫之樂。

這個措施不僅窮人感激，富人也收回了債務，皆大歡喜。

老爺在潮州人民心中留下深刻印象的，還有祭鱷魚這一件事。

潮州有一條江，鱷魚成群，嚴重影響老百姓的生活。每個老百姓聽到新到任的刺史是個具有正義感的大文豪，都希望新刺史能為大家解決這個多年來的困擾。然而，老爺為了鱷魚危害一事卻傷透腦筋，原本灰白的頭髮愈見花白。

　　「人民對刺史的期待殷切，還請大人多加費心。」老爺的部屬秦濟多次轉達人民的心聲。

　　「要我寫文章批評聖上，嘲諷皇室貴族，指正貪官汙吏，我都做得來。唯獨鱷魚一事，我可真是束手無策。」老爺無奈攤手，但他看到秦濟眼中的失望，心中不忍，頓時想到一個妙點子。

　　「你先去準備一頭羊和一頭豬，用藥品浸泡，等候我的指示。」老爺要我從他的櫃中取出丹藥，交給秦濟，並吩咐他：「浸藥的事，切勿外傳。」

　　之後幾日，老爺白日觀雲彩，晚間觀星象，深夜埋首寫作，完全不提鱷魚一事。街市上漸有流言傳出，說新來的刺史大人不過在京師浪得虛名，如今貶官到南方的潮州，連幾隻鱷魚都對付不了。話傳到府裡，急得秦濟和一些屬下們如熱鍋上的螞

蟻。他們把街市上的傳言告訴老爺，原以為老爺會勃然大怒，沒想到老爺竟只是微彎嘴角一笑：

「時機尚未成熟，再等幾日。」

過了幾日，秦濟又皺緊眉頭前來。老爺揮手叫他回去，仍是那句話：「時機尚未成熟，再等幾日。」

又過了幾日，老爺突然宣布：「通知下去，本刺史明天要祭鱷魚，請老百姓到江邊觀禮。」

祭典的時間到了，江邊擠滿了看熱鬧的老百姓，大家都想看看這個名滿天下的新刺史的廬山真面目，人群中不時傳出質疑的話語。

「這個白頭髮的老頭兒，真的是韓愈大人？」

「我還以為他要請武林好漢來獵捕鱷魚，沒想到竟然是要餵鱷魚吃羊和豬。」有人不屑的說。

「餵鱷魚吃肉，鱷魚不就更

賴著不走了嗎?」有人不以為然。

更有人懷疑說:「韓愈反對迎佛骨是破除迷信,難道祭鱷魚就不是迷信嗎?」

儘管眾人議論紛紛,老爺還是在眾目睽睽下步上祭壇,展開手中的卷軸,開始讀起他所寫的祭文,周圍嘈雜的聲音立刻停止,只剩下老爺鏗鏘的聲音:「……刺史是受天子詔命看守這塊土地,治理百姓,而鱷魚不安於溪潭,還吞食百姓牲畜,公然和刺史對抗,我這刺史怎能低頭認輸,讓老百姓生活陷於困境呢?所以,我限你們三日內遷徙到大海;如果三天來不及,就寬限到五天;五天還搬不完,就寬限到七天;七天不遷,那表示你們是絕對不肯搬家,不肯聽刺史我的話了。我就會選拔弓箭好手,用塗滿毒藥的箭矢去射殺你們,直到全部殺光為止……」

老爺的祭文一念完，現場民眾紛紛鼓掌叫好。

「韓刺史的文章氣魄真大呀！」

「果然是名滿天下的文壇盟主！」

「嘻！我竟然也聽得懂刺史大人的文章，散文真的比駢文易懂多了！」

「對呀！散文一點都不難，我要好好向韓刺史學散文才行。」

在眾人交頭接耳的時候，老爺手中的祭文早已化為灰燼，投到江裡去，接著，秦濟指揮幾個壯漢，也把早就準備好的羊和豬丟到江水裡。

江裡一時之間波浪滔天，一隻隻的鱷魚搶食著那兩頭牲品。直到牲品被吃得一乾二淨，鱷魚休息，看熱鬧的人群才懷著疑惑散去。

這天夜裡，天邊突然颳起狂

風下起暴雨。

一夜風雨飄搖，令人以為房子就要被大風吹倒，被大雨沖走。逼近天亮時刻，風雨才止歇。

太陽出來了，天空碧藍如洗，江裡風平浪靜，一隻鱷魚也沒有。

老百姓爭相走告這個好消息，都說韓刺史的文章真厲害，可以把鱷魚給逼走。從此，州學裡的人數爆增，人人搶著學作散文。

老爺在潮州雖然只有短短幾個月，卻給百姓留下深刻的好印象，不但附近的大山改叫韓山，連江水也改名為韓江，都是用來懷念老爺的。

26 鎮州兵變

　　元和十四年（819年）年底，老爺才剛到袁州上任，柳州便傳來柳大人病逝的惡耗，柳大人還囑託老爺幫忙照顧遺下的家人。

　　雖然柳大人和老爺對於佛教的態度不同，也為此起過爭執，但兩人到底是志同道合的多年好友。知己病逝，對老爺是個沉重的打擊，老爺寫完柳大人的祭文之後，便病倒在床，病中不時悲嘆：「子厚比我年幼數歲，還須我為他作祭文，像我這種病弱的身子，恐怕不久之後，也要麻煩好朋友來為我寫祭文了。」

　　元和十五年正月，憲宗去世。憲宗對佛教固然崇奉，對道教也很迷信，為了長生不老，他曾派道士到天台山採藥，吃了道士煉製的丹藥，他的性情變得暴

177

躁易怒，最後和順宗一樣，被宦官所弒。

老爺聽聞皇上駕崩，尤其震懾。對於生老病死的現象，更覺心驚。這一年閏正月，穆宗即位，舉行大赦，老爺終於被准回朝。回朝途中，隨州刺史周群巢見老爺體虛，好心贈丹藥讓老爺醫治病身。老爺初吃丹藥感覺精神好轉，便開始學習煉燒硫磺，提煉丹藥。

老爺回朝第一件事，就是上奏狀要求皇帝趁著大赦，赦免天下各州典押的奴婢。他站在人道的立場為天下奴婢申訴，穆宗動了惻隱之心，採納老爺的建議，把釋放奴婢條文寫在赦令上。從此，穆宗愈加敬重愛民如子的老爺。

九月，老爺調任為國子監祭酒＊，主持國家最高學術機構。

老爺身居國家最高學術機

構，他的文章受到尊崇，散文的書寫也受到空前的歡迎。

然而，老爺除了推行古文運動，提倡社會重返儒家思想之外，老爺還有滿腔的報國情操，他希望自己在職位上能夠更上一層樓，以實現他的報國抱負。

就在老爺轉任兵部侍郎＊不久，鎮州傳來兵變的消息，節度使田弘正被殺，叛眾擁立王廷湊，大將牛元翼被圍困，救援糧路也被截斷。穆宗派老爺為鎮州宣慰使，出發去勸王廷湊，朝廷王公大夫都為此任務擔憂，宰相元稹不知真真關心老爺，還是怕老爺此去立功而增加另一宰相裴度的聲勢（因老爺曾跟裴度平定淮西，關係密切），所以向穆宗進言：「可惜了韓愈這個人才。」穆宗

＊為國子監的主管官，近似現在的大學校長。
＊掌管軍衛武官選用授職。

179

聽了，有意收回成命，改讓老爺到圍軍邊緣，暫時觀察情勢即可。但老爺認為這次正是他立功報國的大好機會，堅決表示:「我這次若死，是為國赴義，作為一個臣子怎能接到國君賦予的使命卻只顧自己呢?」穆宗被老爺大義凜然的話語感動，便也不再堅持。

老爺到達鎮州，效法郭子儀單騎見回紇*，不避艱險深入虎穴，親自進入王廷湊陣營，王廷湊竟然率部眾拔刀張弓迎接;到了府裡，王廷湊又羅列戰甲武士示威。場面森然危急，而老爺卻是正氣凜然，毫無懼色。

老爺一坐下來，就屬聲譴

放大鏡

＊765年，吐蕃與回紇聯手侵犯中原。年近古稀的郭子儀臨危受命，只帶了幾個隨從就到回紇軍營，對回紇首領藥葛羅動之以情，說之以理，並應允對方，只要回紇願意協助擊退吐蕃，唐朝願意將吐蕃掠去的牛羊財物全部轉送。回紇果然協助唐朝退敵，解除了唐室危機。

責：「天子認為你有將才，所以委你做節度使，想不到你竟然自甘墮落，和賊兵一起造反。」

王廷湊羞愧得無地自容，從來沒有人敢這樣罵他。接著，老爺又舉歷年來的例子說：「從安祿山、史思明到吳元濟、李師道，凡是背叛朝廷，最後都會落得身敗名裂、絕子絕孫的噩運。反過來看，像田弘正、王承元等人降服朝廷，現在都得到皇上重用守大鎮。

「最後我要勸告閣下，朝廷為了顧全大體而赦免你的罪，並非缺少將帥才留下你。你自己要把眼光放遠、放亮。」

由於老爺的鎮定堅強，王廷湊終於口頭答應撤圍，並設宴招待，表示願效忠朝廷。雖然王廷湊最後沒遵守諾言放過牛元翼，但老爺以一個手無寸鐵的書生，深入賊窟，並說出嚴厲的辭彙來

指責叛將王廷湊，使他的氣焰為之收斂，牛元翼最後才能趁機突圍成功。老爺這種不畏強橫的精神氣勢，令許多人敬佩。

老爺有功而回，穆宗有意以他為宰相，這也是老爺此生最大的希望。但因各方的嫉忌而未能如願，最後被調為吏部侍郎。

老爺認為，朝廷外有藩鎮割據，內有宦官專權，使得君權無法伸張，因此，伸張儒家思想中的「尊王」是當務之急，所以他倡導恢復古文運動，就是打著「文以載道」的口號，來加深大家尊王攘夷的意識，讓能發揮自己意見的散文，來代替只是堆砌華麗辭藻，而毫無內容的駢文。

老爺身先士卒，無論是書信、辭賦、序、哀詞祭文、碑誌、狀、表，都是以散文寫作，文章雋永，意味深長，他承先啟後的文學改革運動，也讓式微多

年的儒家思想得到傳承。

　　一般平民出身的官吏，為了提出自己的見解以求得高官；老百姓也為了要與別人進行溝通，大家都開始使用平易的散文作為工具。老爺高聲疾呼的古文運動，在京城引動風起雲湧的氣勢。

27 仙丹雞湯落地

老爺五十六歲（長慶三年，823 年）那年六月，轉任京兆尹兼御史大夫。

京兆是全國政治中心，商人、政治人物、宵小……各種人物雜處，治安非常難維護，老爺接任後敢作敢為，首先把一些老奸巨滑、怙惡不悛的禁軍吏卒全部逮捕下獄，其他將士因此聞風喪膽，互相警告說：「連佛骨都想燒的人，還有什麼不敢的呢？我們還是放聰明一點，不要自找麻煩。」於是京師的盜賊不起，米價不漲，平靜了一段時期。

老爺辛苦一生，終於成為文名滿天下的高官，生活也大有改善，原本以為可以好好和朋友共同鑽研文學作品，沒想到原本虛弱的身子卻發了病，只好請假到

長安城南的別墅——韓莊休養。韓莊附近有水塘、田野和茂柳，地方空曠，空氣清新。老爺告假養病時，弟子張籍常來韓莊作陪，有時詩人賈島也來探望。但是老爺此時已經兩腳無力，無法舉步行走，常感覺自己所剩的日子似乎不多了。為了延緩自己生命的消逝，老爺只好加重丹藥中的硫磺劑量。

老爺自知餘日不多，首先寫信給弟子皇甫湜，請他為自己寫碑誌，他又命喪葬要依照古禮，不要用佛教禮俗，或寫佛經來汙辱他。

十二月二日那天早晨，久未下床的老爺精神突然變好，而且還可以下床行走。他巡視了韓莊一圈，然後，坐在書桌前，開始修訂遺書，給弟子留言。

韓昶＊少爺高興的對我說：「爹可能是最近喝了不少仙丹燉

的雞湯，起了功效，蘭伯，你立刻囑咐廚房再宰殺雞隻燉藥，給爹再補一補，也許他很快就會痊癒了。」

當我喜孜孜端了一大碗冒著白煙的雞湯踏進書房時，卻見到老爺趴倒在書桌上，手中的毛筆壓在紙上，已渲染出一片黑漬。

「老爺！」我一驚，手中的雞湯霎時掉下，落地四濺。

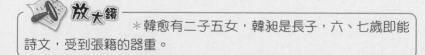

放大鏡　＊韓愈有二子五女，韓昶是長子，六、七歲即能詩文，受到張籍的器重。

尾　聲

「老爺！」徐耿南在夢中大喊，淚流滿面，後腦卻猛然挨了一記拳頭。

「阿南！」是徐大嬸的聲音。

徐耿南搗著後腦醒來，趴在書桌前的韓愈不見了，站在眼前的是他的媽媽。他一急，張口便喊：「娘！老爺走了！」

「你是中邪了啊？叫什麼『老爺走了！』」徐大嬸瞧著睡眼朦朧的兒子，心頭湧起一股怒氣：「叫你顧著供品，順便讀書，我一走你就打起瞌睡，還說自己記性不好，讀書背不起來，作夢都在學電視劇喊『娘』！我看你是中電視的毒太深了！」

「娘，韓文公去世了！」徐耿南忍不住擦著眼淚：「我好難過，我……」

「你是在『含眠』＊嗎？韓文公是唐代的人，當然去世了！」徐大嬸指著牆壁上一大串的紅色祈福卡和准考證影本：「我剛才幫你買張祈福卡，已經掛在牆上了。改天准考證發下來，再把影本一起掛在那兒，只要你肯努力，韓文公一定會幫你考上第一志願。」

徐大嬸不由分說的，就拋一疊金紙給徐耿南：「去燒一燒，請韓文公保佑你。」

徐耿南這時頭腦才清醒過來，看著眼前的昌黎祠，想到夢中韓愈考試所受到的挫折，忍不住回嘴：「韓文公考進士考了四次才考上，我才不要和他一樣。」

「你說什麼？」徐大嬸聽不懂兒子的話，不耐煩的吼：「叫你去

＊含眠，是臺灣南部流行的臺語，意指人的精神恍惚，介於昏睡與夢醒之間。

189

燒點金紙，還推三阻四的，囉唆什麼？」

徐耿南走到金爐邊，把金紙扔進爐裡，走回神桌前。

徐大嬸田裡工作忙，無暇再叨念，匆匆忙忙收拾起神案上的供品，一樣一樣擺進大布巾中，裹起來，打個結，遞給身旁的兒子：「拿好！晚上我把這些供品煮給你吃，包你今年考試順利。」

「媽，記得再加點貢丸和雞蛋，比較好吃。」說起吃，徐耿南又有興趣了。

「這可不行，」徐大嬸緊張兮兮的回頭交代：「考生可絕對不能吃丸子和蛋，以免考試『完蛋』。」

「唉！又是無稽之談。」徐耿南抬腳跨上機車後座的時候，突然想起「屢試不爽」的韓愈，他可能是考試前吃太多丸子和蛋了吧！否則，像他文章學問那般傑

出的人才，怎麼會考運那麼背呢？

「噗——」徐大嬸的機車吐著白煙消失在小路的盡頭，昌黎祠又恢復了寧靜，就如平日的午後時光，韓愈寂寞的端坐廟裡，陪伴他的，只有廟埕上不識字的麻雀們，啾啾啾的吵個不停，全無半點文學趣味。

韓愈望著前方，等待下一個上門祈求金榜題名的學子……

韓愈

768 年	出生。
770 年	父親去世，寄養在長兄韓會家。
777 年	韓會貶官韶州，隨兄嫂離開長安。
779 年	韓會病逝，隨嫂護靈回故鄉河陽。
786 年	第一次考進士落第。投靠馬燧，準備下次應考。
792 年	登進士第。
793 年	嫂嫂病逝。
796 年	應汴州節度使董晉徵召擔任觀察推官。
799 年	改任徐州節度使張建封屬下節度推官。
801 年	通過吏部銓選，被任命為國子監四門博士。一面倡導古文，一面推薦有才之士，許多舉子投入門下，稱「韓門弟子」。
803 年	姪子老成病逝。受御史中丞李汶推舉，被擢升為監察御史。該年京師大旱，因奏〈御史臺上論天旱人饑狀〉，遭京兆尹李實陷害，被貶為陽山令。
805 年	憲宗即位，大赦天下，被任為江陵府法曹參軍。

806 年 奉召回京重任國子監博士。

809 年 改任都官員外郎兼判祠部。

810 年 與僧尼、宦官不合，改任河南縣令。

811 年 被任命為尚書職方員外郎，入朝為官。

812 年 因直言諷諫得罪權貴，再度被貶為國子監博士。

813 年 撰修《順宗實錄》，因內容切直，屢遭刪削。

817 年 七月，裴度征淮西，任命為行軍司馬。十月，淮西平定，晉
　　　　升為刑部侍郎。

818 年 奉命撰〈平淮西碑〉。

819 年 正月，因憲宗派遣專使前往法門寺迎奉佛骨，上奏〈論佛骨
　　　　表〉，觸怒憲宗，貶為潮州刺史。南行途中，四女韓挐病逝
　　　　於商縣層峰驛。十月，改授袁州刺史。

820 年 憲宗崩，穆宗即位。九月，授國子監祭酒，主持國家最高學
　　　　術機構。

821 年 轉任兵部侍郎。

822 年 鎮州兵變，穆宗任為鎮州宣慰使。九月，任命為吏部侍郎。

823 年 六月，轉任京兆尹兼御史大夫。

824 年 十二月，在韓莊逝世。追贈禮部尚書，諡號「文」，故後人
　　　　常尊稱為「韓文公」。

國家圖書館出版品預行編目資料

承先啟後的文學家：韓愈 / 姜子安著;簡志剛繪. ——
初版二刷. ——臺北市：三民，2012
　　面；　　公分. ——(兒童文學叢書 / 世紀人物100)

ISBN 978–957–14–4945–6 　(平裝)

1.(唐)韓愈 2.傳記 3.通俗作品

782.8417　　　　　　　　　　　　　96024916

©　承先啟後的文學家：韓愈

著 作 人	姜子安
主　　編	簡　宛
繪　　者	簡志剛
發 行 人	劉振強
著作財產權人	三民書局股份有限公司
發 行 所	三民書局股份有限公司
	地址　臺北市復興北路386號
	電話　(02)25006600
	郵撥帳號　0009998–5
門 市 部	(復北店)臺北市復興北路386號
	(重南店)臺北市重慶南路一段61號
出版日期	初版一刷　2008年2月
	初版二刷　2012年3月修正
編　　號	S 781670

行政院新聞局登記證局版臺業字第○二○○號

有著作權‧不准侵害

ISBN　978–957–14–4945–6　（平裝）

http://www.sanmin.com.tw　三民網路書店
※本書如有缺頁、破損或裝訂錯誤，請寄回本公司更換。